수각류 크기 랭킹

덩치 큰 육식 공룡 중에서도 몸집이 컸을 것으로 추측하는 톱3 공룡입니다.

스피노사우루스 ▶P.152 — 18m

기가노토사우루스 ▶P.163 — 12.5m

티라노사우루스 ▶P.166 — 12~13m

MOVE 알아보자!

JN346296

일본 공룡 크기 랭킹

현재, 일본에서 발견한 새로운 종류의 공룡은 모두 8종입니다.

탐바티타니스 ▶P.132 — 12~15m

후쿠이티탄 ▶P.132 — 10m

후쿠이사우루스 ▶P.83 — 4.7m

후쿠이랍토르 ▶P.176 — 4.2m

처음 발표한 시기 랭킹

오래전에 발표한 공룡을 소개합니다.
학회에서 처음으로 공룡을 발표한 건 약 200년 전입니다.

메갈로사우루스 ▶P.157 — 1824년, 발표자: 버클랜드

이구아노돈 ▶P.77 — 1825년, 발표자: 멘텔

힐라에오사우루스 ▶P.49 — 1833년, 발표자: 멘텔

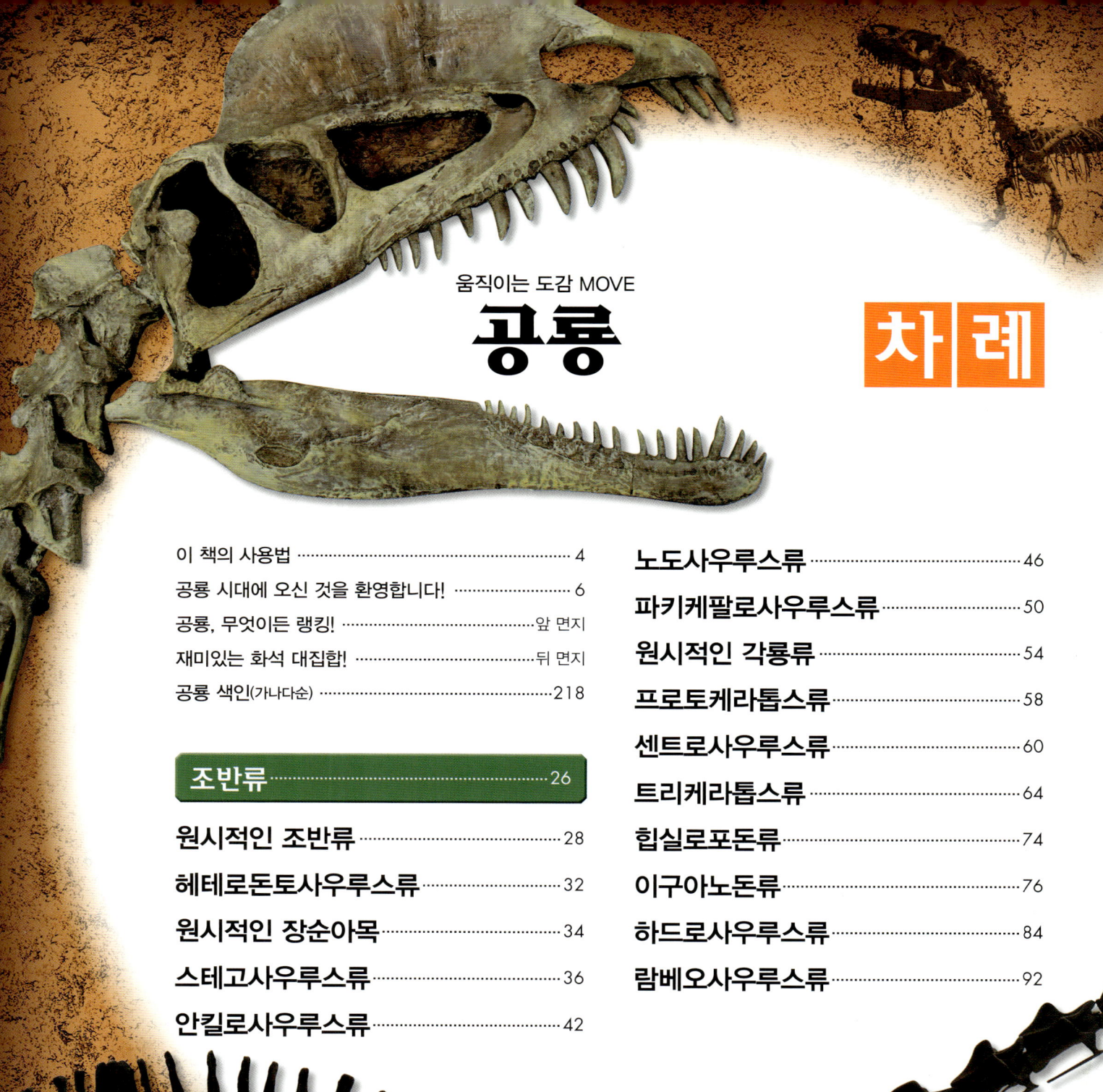

움직이는 도감 MOVE
공룡

차례

이 책의 사용법 ········· 4
공룡 시대에 오신 것을 환영합니다! ········· 6
공룡, 무엇이든 랭킹! ········· 앞 면지
재미있는 화석 대집합! ········· 뒤 면지
공룡 색인(가나다순) ········· 218

조반류 ········· 26
원시적인 조반류 ········· 28
헤테로돈토사우루스류 ········· 32
원시적인 장순아목 ········· 34
스테고사우루스류 ········· 36
안킬로사우루스류 ········· 42
노도사우루스류 ········· 46
파키케팔로사우루스류 ········· 50
원시적인 각룡류 ········· 54
프로토케라톱스류 ········· 58
센트로사우루스류 ········· 60
트리케라톱스류 ········· 64
힙실로포돈류 ········· 74
이구아노돈류 ········· 76
하드로사우루스류 ········· 84
람베오사우루스류 ········· 92

용반류 ... 104

원시적인 용각형류 ... 106
원시적인 용각류 ... 114
디플로도쿠스류 ... 118
카마라사우루스류 ... 126
브라키오사우루스류 ... 128
티타노사우루스류 ... 130
원시적인 수각류 ... 138
코엘로피시스류 ... 142
케라토사우루스류 ... 146
스피노사우루스류 ... 152
메갈로사우루스류 ... 156
알로사우루스류 ... 158
원시적인 코엘루로사우루스류 ... 164
티라노사우루스류 ... 166
오르니토미무스류 ... 180
알바레즈사우루스류 ... 187
테리지노사우루스류 ... 189
오비랍토르류 ... 194
스칸소리옵테릭스류 ... 198
트로오돈류 ... 199
드로마에오사우루스류 ... 202
조류 ... 210

🦶 공룡 시대와 생물
생명의 변천 ... 8
트라이아스기란? ... 10
쥐라기란? ... 14
백악기란? ... 18
하늘의 파충류~익룡 ... 212
바다의 파충류 ... 213

🦶 공룡 기본 상식
공룡이란 무엇인가? ... 22
공룡의 타입 ... 24

🦶 특집 칼럼
다양한 각룡 ... 72
화석을 발견하기까지 ... 98
일본에서 발견한 공룡들 ... 100
테도리 층군의 공룡들 ... 102
역사상 최대 크기의 공룡, 수페르사우루스 ... 122
거대한 몸의 비밀 ... 124
티라노사우루스 대해부! ... 178
시조새는 새일까? ... 208
공룡의 멸종 ... 214

이 책의 사용법

움직이는 도감 MOVE 『공룡』에서는 중생대라 부르는 시대, 약 2억 5,217만 년 전부터 6,600만 년 전까지 번성했던 동물을 공룡을 중심으로 설명하고 있습니다. 현재, 공룡을 연구하는 학계에서는 아직도 새로운 발견이 이어지고 있어 매년 40~50종 이상의 새로운 공룡을 발표하는 중입니다. 이 도감에서는 최신 연구 결과까지 취합하여 360종 정도 되는 공룡을 비롯한 중생대 동물을 소개합니다.

지표
해당 공룡이 어떤 그룹에 속하는지 색으로 구분하여 나타냈습니다.

페이지 제목
이 도감에서는 공룡을 크게 8개의 그룹으로 나누었으나, 더욱 이해하기 쉽도록 36개로 다시 세분하여 소개하고 있습니다.

고바야시 박사의 포인트!
감수자인 고바야시 박사님이 해당 공룡들의 특징을 설명합니다.

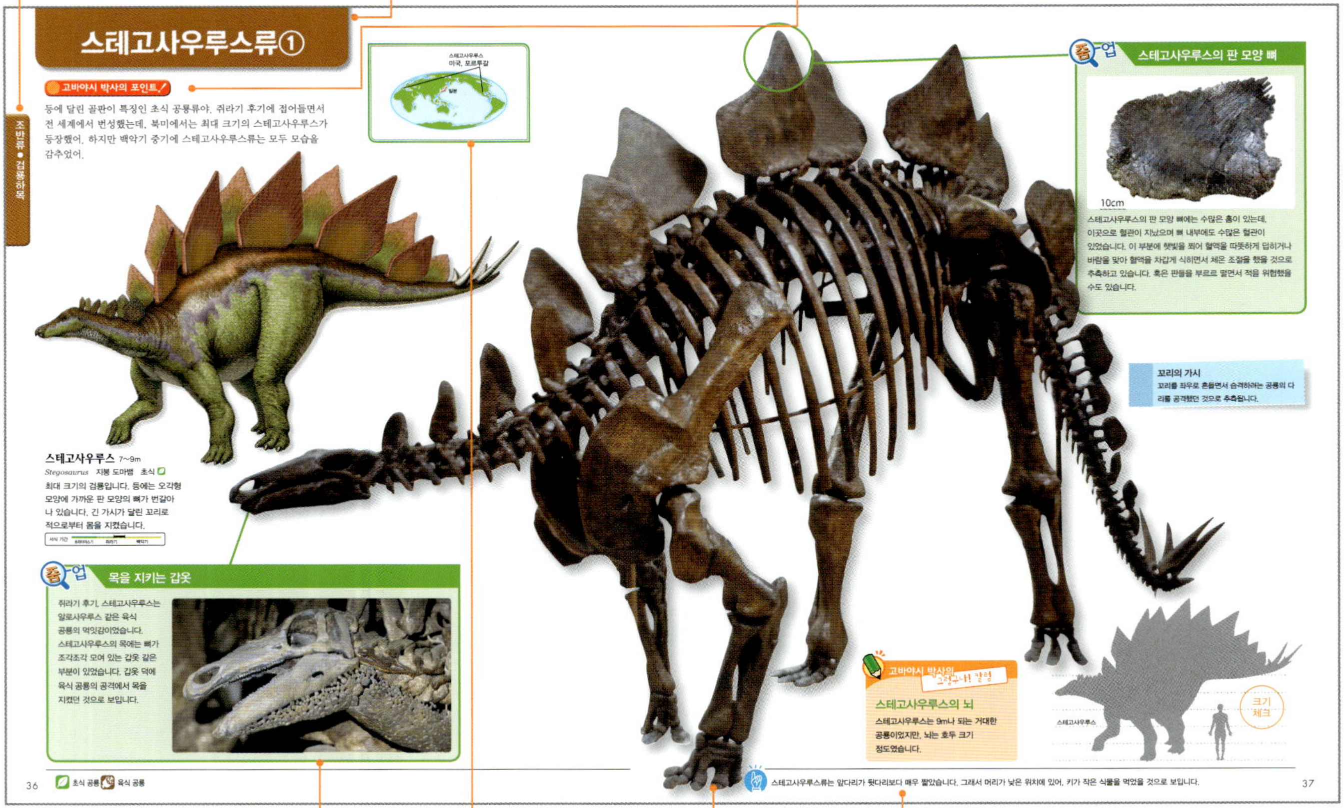

줌업!
화석 등의 특징을 확대한 사진으로 상세히 설명하고 있습니다.

지구 지도
공룡 화석이 발견된 나라를 표시합니다.

사진
공룡의 전신 골격이나 발굴한 화석 등 다양한 사진을 수록했습니다.

하단 정보
 공룡 상식을 Q&A로 탐구해 봅시다.
 공룡 토막 상식을 소개합니다.

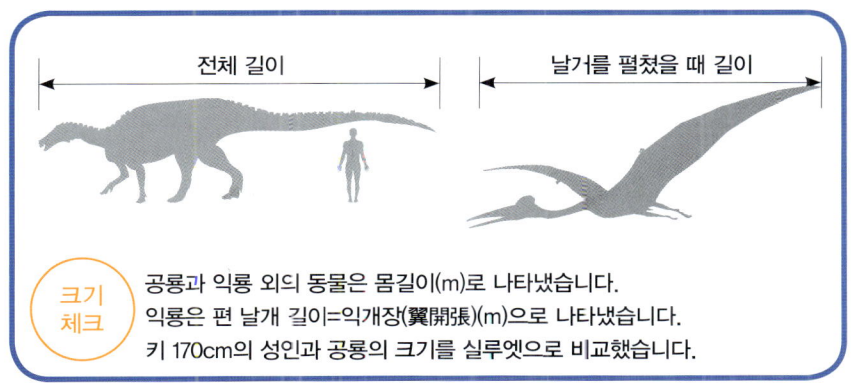

| 크기 체크 | 공룡과 익룡 외의 동물은 몸길이(m)로 나타냈습니다.
익룡은 편 날개 길이=익개장(翼開張)(m)으로 나타냈습니다.
키 170cm의 성인과 공룡의 크기를 실루엣으로 비교했습니다. |

칼럼

'고바야시 박사의 그렇구나! 칼럼' 등으로 공룡에 대한 정보를 알기 쉽게 해설합니다. 또한, 펼친 페이지로 다룬 특집 칼럼이나 세계 공룡학자들의 서명 기사 등을 실어 공룡에 대한 지식을 한층 풍부하게 다루었습니다.

공룡 해설을 보는 법

● **일러스트**
최신 연구를 바탕으로 그린 일러스트로 공룡의 모습을 소개합니다.

● **공룡 이름**
'속' 이름을 나타냅니다. 이름 밑에는 학명과 그 뜻도 다루었습니다.

● **데이터**
초식 공룡🌿 인지 육식 공룡🐾 인지를 아이콘으로 나타냈습니다.

● **바**
공룡이 살았던 시대를 나타냈습니다.

5

공룡 시대에 오신

지금으로부터 아득히 먼 2억 3,000만 년 전, 최초의 공룡들이 모습을 드러냈습니다. 이 시기 공룡은 두 개의 발로 재빨리 달리던 아직 자그마한 생물이었습니다. 하지만 시간이 지나면서 공룡들은 점점 거대해졌고 육식 공룡, 초식 공룡, 그리고 다양한 종류의 공룡이 모습을 드러냈습니다. 육지는 공룡들이 번영을 누리는 세계가 되었으며 1억 6,000만 년 이상이라는 긴 시간 동안 공룡 시대는 이어졌습니다. 자, 지금부터 매력 넘치는 공룡들의 세계로 모험을 떠나 봅시다!

것을 환영합니다!

생명의 변천

지구는 약 46억 년 전에 탄생했다고 여겨집니다. 그리고 공룡이 나타난 건 약 2억 3000만 년 전이죠. 그 사이에 일어난 생명 탄생과 진화의 드라마 속으로 들어가 봅시다.

생명 탄생 시기의 지구
약 35억 년 전, 바닷속에서 박테리아 같은 단순한 생명이 탄생했습니다.

캄브리아기의 바다
캄브리아기에 접어들면서 바다에 갑자기 생명체가 넘쳐흘렀으며 온갖 종류의 생물이 나타났습니다. 이 폭발적인 진화를 '캄브리아 대폭발'이라고 부릅니다. 아노말로카리스는 캄브리아기에서 가장 크고 사나운 육식 동물이었습니다.
▲아노말로카리스

사지동물의 등장
유스테놉테론은 육지에서 생활할 수 있던 대표적인 양서류입니다. 데본기에는 양서류의 조상인 이크티오스테가가 나타났습니다. 튼튼한 갈비뼈와 등뼈가 있었으며 처음으로 육지를 걸어 다녔던 척추동물 중 하나입니다.

▲이크티오스테가

2억 년 전

2억 130만 년 전부터 쥐라기
공룡이 지구를 지배. 최초의 조류 출현

메가조스트로돈
가장 원시적인 포유류 중 하나입니다. 쥐와 비슷한 생김새였습니다.

디플로도쿠스
긴 꼬리를 채찍처럼 휘둘러 육식 공룡을 물리쳤습니다.

에오랍토르
가장 원시적인 공룡 중 하나입니다. 뒷발로 경쾌하게 달렸습니다.

플라테오사우루스
식물을 먹었던 공룡. 네 개의 다리, 때로는 두 다리로도 걸었습니다.

바다나리
꽃잎처럼 생긴 부분이 촉수입니다.

엔도케라스
오징어와 문어 등의 조상입니다.

2억 5,217만 년 전부터 트라이아스기
공룡과 포유류 출현

4억 8,540만 년 전부터 오르도비스기
턱이 없는 어류 출현

지구의 탄생 46억 년 전

다이엑토돈
처음으로 자식을 키우고 가족으로 지냈던 동물입니다.

오파비니아
다섯 개의 눈이 있었으며 머리에서 뻗어 나온 튜브처럼 생긴 주둥이로 먹잇감을 잡아먹었습니다.

선캄브리아대
생명의 탄생

에다포사우루스
커다란 돛으로 체온 조절을 했을 것입니다.

아노말로카리스
캄브리아기에 등장한 거대 포식자. 최대 1m 크기의 화석을 발견했습니다.

5억 4,100만 년 전부터 캄브리아기의 바다
캄브리아 대폭발
(다양한 생명의 탄생)

2억 9,890만 년 전부터 페름기
포유류 형태의 파충류 출현

5억 년 전

힐로노무스
처음으로 육지에 알을 낳았습니다.

3억 년 전

3억 5,890만 년 전부터 석탄기
파충류 출현

이크티오스테가
뒷다리에는 발가락이 일곱 개나 있었습니다.

파충류 탄생

석탄기에는 파충류가 탄생했습니다. 최초의 파충류 중 하나인 힐로노무스는 육지에서 살면서 물고기와 곤충을 잡아먹었습니다. 파충류의 알은 껍질이 딱딱하여 알이 건조해지는 것을 막을 수 있었습니다. 이로 인해 육지에서도 후손을 퍼뜨릴 수 있었습니다.

▲ 힐로노무스

파충류의 시대

페름기에 접어들면서 파충류의 종류가 늘어나자 절정기를 맞이합니다. 이 시대에 디메트로돈 같은 포유류의 조상에 해당하는 포유류 형태의 파충류도 나타났습니다. 디메트로돈은 등에 커다란 돛이 있어서 체온을 조절할 수 있었습니다.

▲ 디메트로돈

포유류 탄생

트라이아스기 중반에는 포유류 형태의 파충류부터 항온성으로 몸에 털이 난 키노돈류가 나타났습니다. 키노돈류인 엑사에레토돈은 새끼를 돌보았다고 합니다. 키노돈류에서 포유류가 탄생했습니다.

▲ 엑사에레토돈

공룡의 탄생

약 2억 3,000만 년 전 포유류가 등장했을 때 공룡도 모습을 드러냈습니다. 최초의 공룡은 두 발로 걸었으며 몸집도 작았습니다. 가벼운 몸과 아래로 쭉 뻗은 다리로 다른 동물보다 날쌔게 달릴 수 있었습니다.

시조새
쥐라기에는 최초의 조류로 여겨지는 시조새도 나타났습니다.

이크티오사우루스
바다 생활에 가장 적합한 몸을 가진 파충류로 돌고래처럼 생겼습니다.

아란다스피스
매우 원시적이고 턱이 없는 어류의 일종. 지느러미가 없어서 헤엄을 잘 치진 못했습니다.

1억 4,500만 년 전부터
백악기 공룡의 번성과 멸종

프테라노돈
꼬리는 짧고 머리는 큰 새로운 종류의 익룡이었습니다.

1억 년 전

엘라스모사우루스
바다에 살던 파충류. 긴 목으로 오징어나 물고기를 잡아먹었습니다.

4억 4,380만 년 전부터
실루리아기 최초의 육상 생물과 곤충 출현

유립테루스
바다전갈과 비슷한 절지동물입니다.

티라노사우루스
공룡 시대 마지막에 나타난 최대급 육식 공룡입니다.

파콥스
고생대 바다에서 가장 번성했던 삼엽충류입니다.

6,600만 년 전부터
제3기 포유류 번성

4억 1,920만 년 전부터
데본기 양서류 출현

브론토테리움
코뿔소를 닮은 대형 포유류입니다. 코끝에 Y자형 뿔이 있었습니다.

4억 년 전

258만 년 전부터
제4기 인류의 출현

스밀로돈
길게 발달한 여금니를 사용해서 매머드 등 커다란 동물을 사냥했습니다.

유스테놉테론
폐로 호흡할 수 있었습니다.

인간
도구를 쓰거나 불을 피우는 등 생존을 위한 전략을 짰습니다.

2억 5,217만 년 전　2억 130만 년 전
트라이아스기　쥐라기　백악기

트라이아스기란?

공룡이 탄생한 시대

트라이아스기의 지구는 전체적으로 덥고 건조한 기후로 메마른 환경에도 잘 적응하는 생물이 폭발적으로 늘어났습니다. 그중에서도 트라이아스기 중기부터 후기에 걸쳐 에오랍토르(→P.106)와 헤레라사우루스(→P.138) 같은 최초의 공룡들도 탄생했습니다. 이 시기의 공룡은 아직 몸집이 작아서 거대한 악어의 조상을 피해 도망치던 신세였습니다. 포유류의 조상도 이 시기에 탄생했습니다.

헤레라사우루스
두 개의 발로 날쌔게 걸어 다녔습니다. 이빨이 뾰죽뾰죽해 육식이었을 것으로 추측합니다.

이어진 대륙

트라이아스기에는 지금처럼 대륙들이 갈라진 게 아니라, '판게아'라는 하나의 거대한 대륙을 이뤘습니다. 트라이아스기 후기에는 판게아가 두 개로 나뉘기 시작하면서 테티스해가 모습을 드러냈습니다.

판탈라사해

바다에 사는 파충류도 등장!

익룡이 등장!

트라이아스기의 파충류
트라이아스기에는 파충류가 번성했습니다. 육지뿐만 아니라 바다나 하늘도 파충류 세상이었습니다.

페테이노사우루스
날개 편 길이 60cm 정도의 작은 익룡으로, 이탈리아에서 화석을 발견했습니다. 곤충과 물고기를 잡아먹었습니다.

노토사우루스
발은 아직 지느러미의 형태가 아니었으며 다른 육상 생물처럼 발가락이 있었고 그 사이에 물갈퀴도 있었습니다.

트라이아스기의 양서류

이 시기의 양서류는 몸집이 큰 종류가 많았으며 물 근처에서 먹잇감을 덮치는 악어처럼 생긴 생물들이었습니다.

메토포사우루스
3m나 되는 거대한 양서류로, 머리가 몸의 3분의 1이나 되었습니다. 커다란 입으로 작은 동물을 잡아먹었습니다.

플라테오사우루스(→P.109)
트라이아스기 후기 초식 공룡으로 10m나 되었습니다. 트라이아스기 공룡치고는 대형이었습니다.

몸이 커요

초대륙 판게아

테티스해

트라이아스기의 포유류

트라이아스기에는 포유류도 처음으로 등장했지만, 그때만 해도 아직 쥐만 한 크기였습니다.

쥐를 닮은 포유류

아델로바실레우스
지금까지 발견한 종 중에서 가장 오래된 포유류입니다. 이름은 '숨은 왕'이라는 뜻입니다. 야행성으로 곤충 등을 잡아먹었습니다.

건조한 대지

트라이아스기의 기후는 전체적으로 덥고 건조했습니다. 북극과 남극에도 빙하가 없었을 것으로 추측하고 있습니다. 바다와 접한 대륙 주변부에는 침엽수 숲이 있었지만, 내륙으로 들어가면 건조 지대와 사막이 펼쳐져 있었습니다. 대부분의 생물은 서늘하면서도 다소 습한 주변부에서 서식했습니다.

가장 오래된 공룡이 있었다?!
'달의 계곡'

현재 아르헨티나에 있는 '달의 계곡'의 트라이아스기 시절 모습입니다. '달의 계곡' 지층에서 지금까지 발견한 생물 중 가장 오래된 공룡 화석을 발견했습니다. 그곳은 전체적으로 건조한 기후였지만 침엽수림에는 습지도 있었습니다. 물가에는 '달의 계곡'에서 가장 몸집이 큰 초식 동물이었던 원시적인 포유류, 이시구알라스티아 무리가 살았습니다. 양서류인 프로마스토돈사우루스의 사체 주위에서 에오랍토르(→P.106)와 헤레라사우루스(→P.138)가 서로 자기 것이라며 다투고 있습니다. 이 시대 공룡은 그다지 몸집이 크지 않았기에 거대한 파충류를 피해 도망치기 바빴습니다.

헤레라사우루스

프로마스토돈사우루스
원시적인 양서류의 조상 중 하나입니다.

엑사에레토돈
원시적인 포유류의 조상 중 하나입니다.

프렌구엘리사우루스 (→P.139)
몸길이가 6m나 되고, '달의 계곡'에서는 제법 큰 육식 공룡이었습니다.

피사노사우루스 (→P.29)
'달의 계곡'에서 발견한 소형 초식 공룡입니다.

이시구알라스티아
원시적인 포유류 조상 중 하나입니다.

에오랍토르

쥐라기란?

2억 130만 년 전 | 1억 4,500만 년 전
트라이아스기 ▸ **쥐라기** ◂ 백악기

공룡이 거대해진 시대

쥐라기는 매우 안정적인 열대 기후 덕에 겉씨식물 수풀이 넓게 분포했습니다. 먹을 것이 풍부하여 디플로도쿠스(→P.118), 아파토사우루스(→P.119) 등 초식 공룡들의 몸집이 점점 거대해졌습니다. 이에 맞추어 알로사우루스(→P.158) 같은 육식 공룡의 몸집도 커졌습니다. 쥐라기 후기에는 시조새라는 원시적인 조류도 등장했습니다.

카마라사우루스(→P.127)
몸길이가 18m나 되는 거대한 용각류 초식 공룡이었습니다.

두개의 대륙

트라이아스기에서 시작한 초대륙 판게아의 분열은 쥐라기에도 계속되었는데, 쥐라기 전기에는 북쪽의 로라시아 대륙과 남쪽의 곤드와나 대륙으로 나뉘었습니다.

판탈라사해

곤드와나 대륙

쥐라기의 파충류

육지에서는 대형 파충류가 멸종했지만, 하늘에서는 익룡, 바다에서는 어룡이 크게 번성했습니다.

익룡이 진화!

프테로닥틸루스
쥐라기 후기가 되면 프테로닥틸루스류라는 몸집이 크고 꼬리가 거의 없는 진화한 형태의 익룡도 등장합니다.

어룡이 번성하다!

템노돈토사우루스
어룡은 쥐라기에 최고로 번성했습니다. 템노돈토사우루스는 몸길이가 10m나 되었으며 턱에는 육식 공룡처럼 삐쭉삐쭉한 이빨이 있었습니다.

마소스폰딜루스 (→P.111)
새끼 공룡을 키운 것으로 알려졌습니다.

로라시아 대륙

테티스해

가장 오래된 조류

쥐라기에는 시조새를 시작으로 조류가 하늘로 진출했습니다.

아우로니스
시조새가 발견된 곳보다 오래된 지층에서 발견되어 가장 오래된 조류라는 설도 있지만, 확실하진 않습니다.

가장 오래된 조류가 등장!

열대의 기후

쥐라기는 전체적으로 지금보다 따뜻했으며 남극과 북극도 언 상태는 아니었습니다. 그 덕에 바다 면적이 넓어져서 열대 기후는 안정적이었으며 비도 많이 내렸습니다. 겉씨식물로 구성된 수풀이 내륙부까지 확대되었고, 초식 공룡은 먹을 것이 풍족한 생활을 했습니다.

쥐라기의 포유류

주라마이아
현재 알려진 동물 중에서 태반을 갖고 있고 새끼를 임신한 가장 오래된 포유류입니다.

새끼를 낳았어요!

15

공룡의 낙원 '중가리아분지'

공룡 화석이 다수 나오고 있는 중국의 '중가리아분지'는 쥐라기 시기, 공룡의 낙원 같은 곳이었습니다. 멀리서 보이는 알타이산맥에서 풍부한 물이 흘러내렸고, 분지 중앙에는 호수가 있었습니다. 호수 주위에는 목이 긴 거대한 초식 공룡 마멘키사우루스(→P.116) 무리가 걸어 다니며, 원시적인 티라노사우루스류인 구안롱(→P.174)이 원시적인 각룡인 인롱(→P.56)을 쫓고 있습니다.

인롱

차오양사우루스 (→P.57)
원시적인 각룡으로 꼬리에 털이 있었을 것으로 추측합니다.

마멘키사우루스

구안롱

신랍토르(→P.162)
중가리아분지에 살았던
중형 육식 공룡으로
알로사우루스류입니다.

백악기란?

트라이아스기 — 쥐라기 — 1억 4,500만 년 전 — 백악기 — 6,600만 년 전

공룡이 번성했던 시대

백악기는 공룡이 다양해지면서 각양각색의 공룡이 육지를 지배했습니다. 로라시아 대륙과 곤드와나 대륙은 몇 개의 대륙으로 다시 나뉘었고, 각각의 대륙에서 공룡들이 독자적으로 진화하여 수많은 종류의 공룡이 탄생했습니다. 초식 공룡 중에서는 이구아노돈(→P.77)과 하드로사우루스(→P.84)류가 번성했으며, 이 공룡들을 잡아먹던 육식 공룡인 고르고사우루스(→P.172)와 티라노사우루스(→P.167)도 등장했습니다. 백악기 하늘은 익룡에서 진화한 조류가 장악했습니다. 백악기 끝 무렵에는 수많은 공룡이 멸종하고 맙니다.

몇 개의 대륙

백악기가 되어도 대륙은 계속 분열하여 몇 개의 대륙으로 나뉘었습니다. 북미 대륙은 서쪽의 라라미디아와 동쪽의 애팔래치아로 나뉘었습니다.

라라미디아 대륙

남미 대륙

백악기의 파충류

바다에서는 어룡류가 멸종하고 해양 도마뱀인 모사사우루스류가 나타났습니다. 하늘에서는 익룡이 진화한 다수의 조류가 모습을 드러냈습니다.

살아남은 익룡

프테라노돈
프테라노돈과 케찰코아툴루스 같은 대형 익룡이 살아남았지만, 백악기 하늘은 익룡보다 훨씬 많은 새들이 날아다녔습니다.

고르고사우루스

모사사우루스
모사사우루스류는 어룡이 멸종한 뒤, 마치 어룡의 자리를 대신하려는 듯이 나타났습니다. 주로 얕은 바다에서 서식했던 것으로 추측합니다. 몸집이 가장 컸던 개체는 18m나 되었습니다.

이구아노돈

애팔래치아 대륙
애팔래치아 대륙
아프리카 대륙

역사상 최대 크기의 개구리!

백악기의 양서류

벨제부포
마다가스카르섬에서 발견한 역사상 최대의 개구리로 크기는 40cm나 되었습니다.

백악기의 조류

백악기에는 에난티오르니스류(→P.210)를 시작으로 다양한 조류가 번성했습니다. 물고기를 먹는 조류도 매우 많았습니다.

조류도 공룡의 일종!

이크티오르니스
부리에 이빨이 있으며 날개에 발가락이 있는 등 원시적인 특징이 있습니다. 물고기를 잡아먹었습니다.

꽃이 피다

백악기에도 따뜻한 기후가 이어졌지만, 대륙이 나뉘어서 일부 지역에서는 추운 겨울이나 따뜻한 봄 등 사계절이 있는 기후로 변했습니다. 그중에 꽃이 피는 속씨식물류가 나타났습니다. 공룡이나 곤충이 꽃가루와 씨앗을 옮겨 주는 속씨식물이 점점 퍼졌습니다.

네오베나토르(→P.160)
백악기 전기, 유럽에 살았던 알로사우루스류입니다. 콘카베나토르보다 조금 작았습니다.

에오티라누스(→P.175)
백악기 전기에 나타난 티라노사우루스류지만, 크기는 4m 정도의 소형 육식 공룡이었습니다.

펠레카니미무스

유럽의 공룡들

백악기 전기의 스페인, '라스 오야스' 지역의 모습입니다. 호수가 있었으며, 넓은 습지에는 어류를 포함해 풍부한 생물이 살았습니다. 백악기에 번성했던 초식 공룡인 이구아노돈 무리가 저 멀리서 이동하고 있습니다. 등에 돛이 있는 알로사우루스류인 콘카베나토르(→P.161)가 먹잇감을 노리고 있습니다. 발이 빠른 공룡, 펠레카니미무스(→P.186)가 습지를 건너서 도망치고 있습니다.

이구아노돈

콘카베나토르

공룡이란 무엇인가?

공룡은 지금부터 약 2억 3,000만 년 전 트라이아스기 후기에 나타난 파충류에서 진화하여 탄생했습니다. 6,600만 년 전 백악기 후기에 멸종하기까지 약 1억 6,000만 년 동안 다양한 공룡들이 모습을 드러냈습니다. 공룡류는 몸집이 큰 조반류와 용반류로 나뉘었습니다.

● **조반류와 용반류** 공룡은 골반 모양을 기준으로 조반류와 용반류, 이렇게 두 개의 그룹으로 나눌 수 있습니다.

조반류

치골이 뒤쪽으로 뻗어 있어 좌골과 나란히 있습니다. 외관상 조류를 닮은 골반 모양이기에 조반류라고 부릅니다. 조반류에는 안킬로사우루스, 스테고사우루스, 트리케라톱스, 이구아노돈 등이 있습니다.

치골이 앞으로 뻗어 있는 예도 있었습니다. 트리케라톱스는 특이하게도 치골이 뒤로 뻗어 나오지 않았습니다.

용반류

치골이 앞이나 아래를 향해 있습니다. 도마뱀과 골반이 닮았기에 용반류라고 부릅니다. 용반류에는 네 발로 걷는 디플로도쿠스, 수퍼사우루스 등 용각류 그룹과 두 발로 걷는 알로사우루스, 티라노사우루스 같은 수각류 그룹이 있습니다.

또한, 수각류에서 진화한, 날개가 달린 공룡 미크로랍토르도 있었습니다. 조류에 가까운 공룡의 치골은 뒤로 뻗어 있습니다. 조류는 깃털과 날개를 가진 공룡이 진화하여 갈라진 그룹입니다.

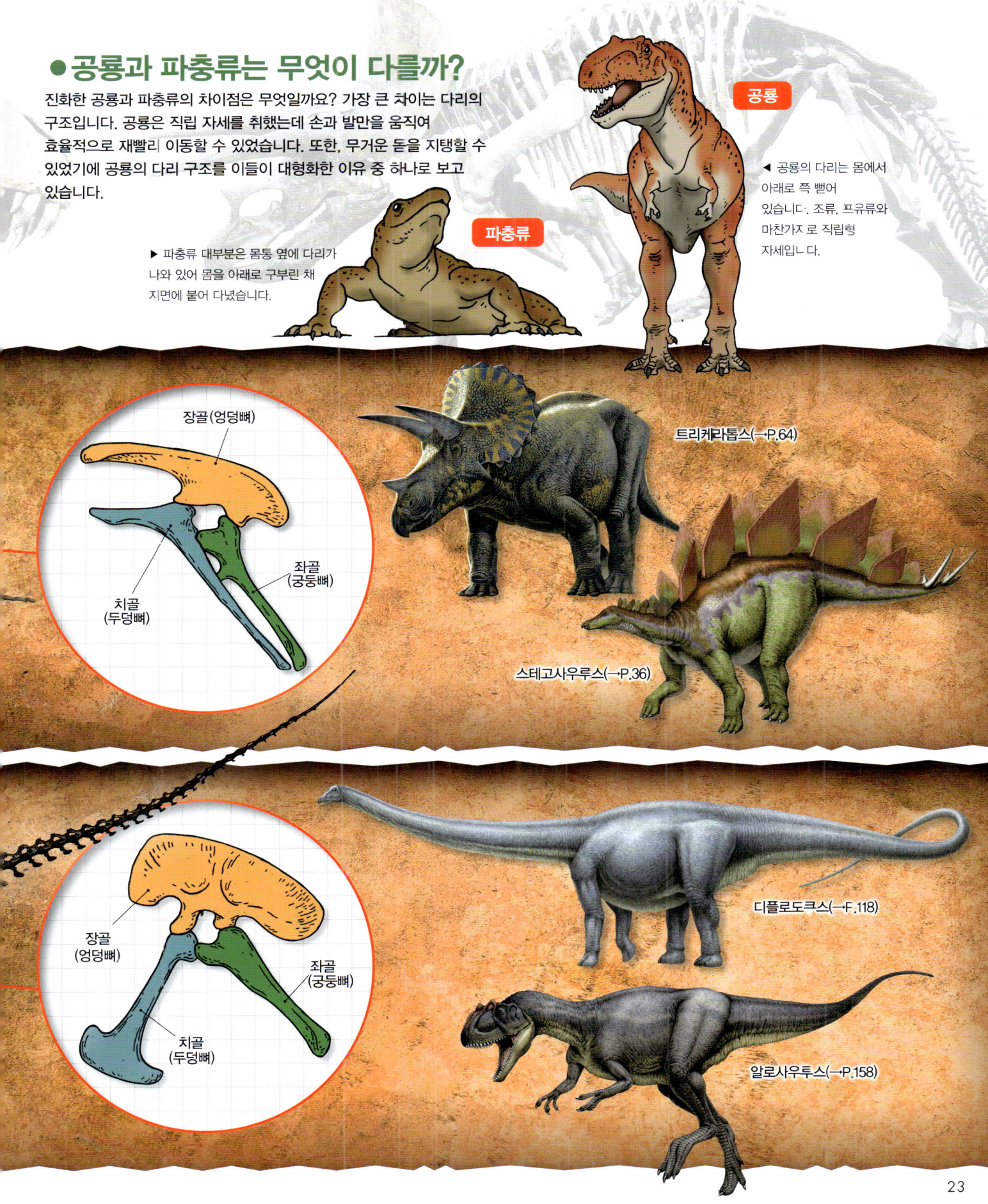

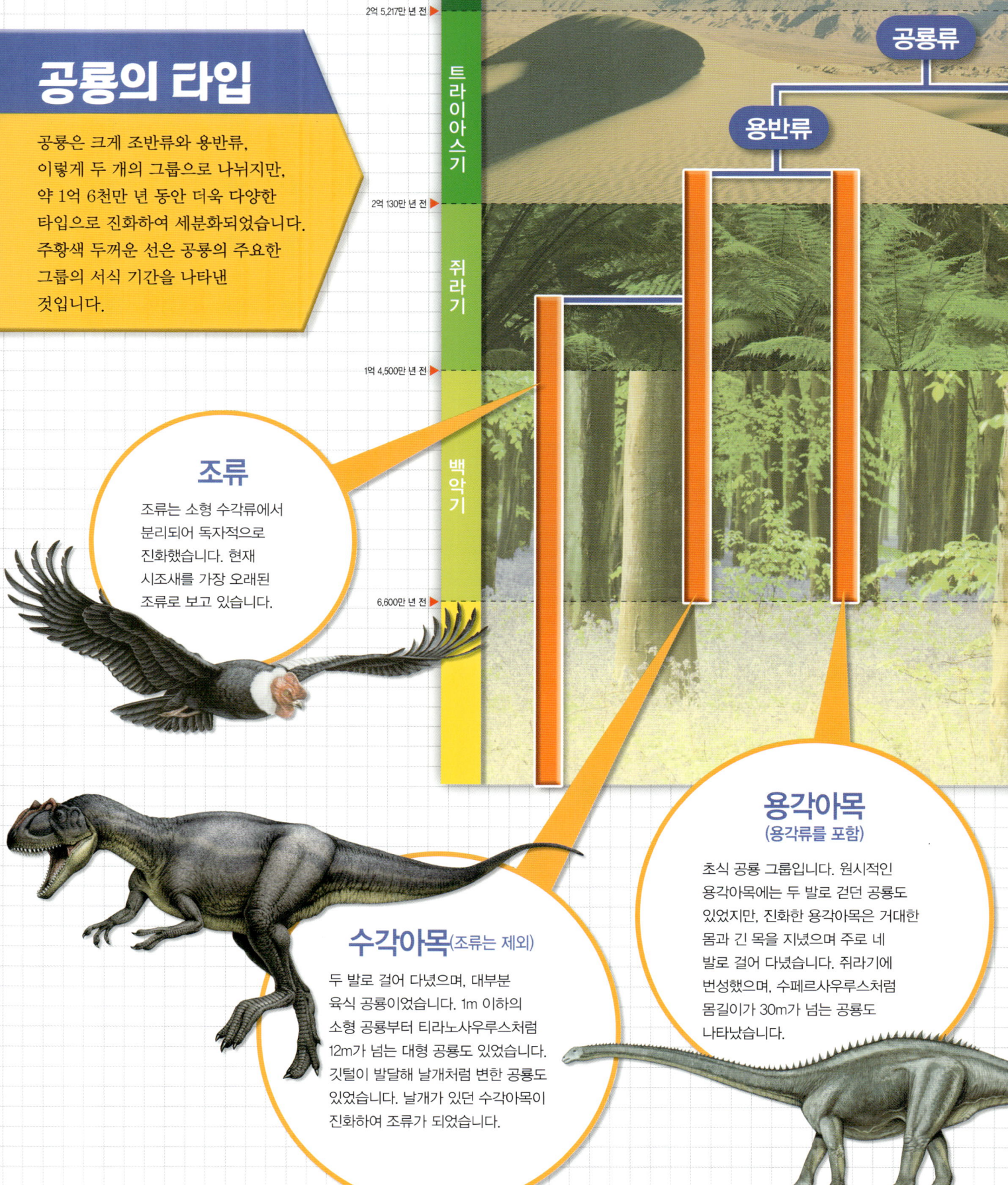

조반류

공룡은 진화 초기 단계에서 크게 조반류와 용반류, 두 개의 그룹으로 나뉘었습니다. 조반류는 기본적으로 초식 공룡이며 검룡하목과 곡룡하목을 포함한 장순아목, 각룡하목과 후두하목 등을 포함한 주식두아목, 그리고 조각하목으로 나눌 수 있습니다.

원시적인 조반류 ①

멜라노로사우루스
(원시적인 용각아목)

🍃 **고바야시 박사의 포인트!**

트라이아스기 후기에 두 발로 걸으면서 부리가 있었던 초식 공룡이 등장했어. 몸집이 아직 작아서 육식 파충류와 공룡을 피해 다니기 바빴지! 이빨과 턱을 후세대 공룡과 비교하면 아직은 원시적이었어.

조반류 ● 원시적인 조반류

- 레소토사우루스 남아프리카
- 아길리사우루스 중국
- 피사노사우루스 아르헨티나
- 에오쿠르소르 남아프리카
- 일본

트라이아스기 후기 남아프리카의 모습입니다. 에오쿠르소르가 나뭇잎을 먹으려 합니다. 같은 시대를 살았던 원시적인 용각아목인 멜라노로사우루스도 두 발로 서서 더 높은 곳에 있는 나뭇잎을 먹고 있습니다.

에오쿠르소르 1m
Eocursor 새벽의 주자 초식 🍃

트라이아스기에 살았던 조반류 중에서 거의 완벽한 형태의 화석이 발견된 종입니다. 나뭇잎 모양의 이빨로 식물을 먹었습니다. 뒷발이 길고 빨리 달렸습니다.

서식 기간 | 트라이아스기 | 쥐라기 | 백악기

🍃 초식 공룡   🐾 육식 공룡

원시적인 조반류②

오스니엘로사우루스 1.4m
Othnielosaurus 오스니얼(사람 이름)의 도마뱀 초식
예전에는 '오스니엘리아'라고 불렸습니다. 둥글둥글한 입안에는 수저 모양의 이빨이 있었으며 뺨 쪽으로는 나뭇잎 모양의 이빨이 났습니다. 유명한 고생물학자인 오스니얼 마시를 기려 지은 이름입니다.

알발로포사우루스 일본(이시카와현 하쿠산시)
오스니엘로사우루스 미국
쿨린다드로메우스 러시아

알발로포사우루스 1.7m
Albalophosaurus
하쿠산(일본의 지명)의 도마뱀 초식
2009년 발표 당시에는 원시적인 각룡류라고 생각했으나, 더 원시적인 조반류라는 견해도 있습니다.

고바야시 박사의 그렇구나! 칼럼
어떤 공룡에게 깃털이 있었을까?
지금까지 발견한 깃털 공룡 화석은 대부분 수각류라 불리는 공룡 그룹의 화석이었습니다. 프시타코사우루스(→P.54)와 티안유롱(→P.33)처럼 일부 조반류 공룡에게도 깃털 모양의 조직을 발견했지만, 수각류 깃털과 같은 기원인지 아닌지는 확실히 알지 못합니다. 2014년에 발견한 조반류 쿨린다드로메우스의 깃털은 수각류에서 볼 수 있는 둥근 모양 깃털이었습니다. 이 발견으로 수각류뿐만 아니라 다양한 공룡에게 깃털이 있었을 가능성이 생겼습니다.

쿨린다드로메우스 1.5m 2014년 발표
Kulindadromeus 쿨린다의 러너 초식
깃털이 난 조반류 공룡입니다. 꼬리와 뒷다리는 비늘로 덮여 있었지만, 온몸에는 여러 형태의 깃털이 덮고 있었습니다.

크기 체크
- 오스니엘로사우루스
- 알발로포사우루스
- 쿨린다드로메우스

헤테로돈토사우루스류

조반류 ● 원시적인 조반류

고바야시 박사의 포인트

쥐라기 초기에 번성했던 작은 몸집의 초식 공룡류야. 다른 공룡이나 파충류와는 달리 포유류처럼 턱 앞과 안쪽에 종류가 다른 이빨이 있었어! 목에서 꼬리까지 깃털 같은 것이 났을 것으로 추측하고 있지.

헤테로돈토사우루스 1.2m

Heterodontosaurus 다른 이빨을 가진 도마뱀 초식, 육식

위턱 끝에는 세 쌍의 엄니가 있어서 식물을 뿌리째 파서 먹거나 무기로 썼을 것으로 추측하고 있습니다. 엄니 중에서 가장 안쪽에 있는 이빨은 마치 송곳니처럼 생겼습니다. 턱 안에는 먹이를 갈아서 으깨는 용도로 쓰던 이빨도 있었습니다.

서식 기간: 트라이아스기 / 쥐라기 / 백악기

줌업 — 헤테로돈토사우루스의 화석

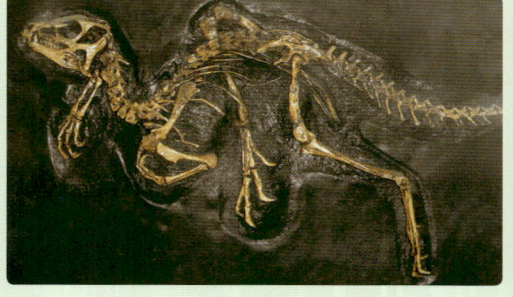

매우 긴 두 개의 뒷다리로는 빨리 달릴 수 있었으며, 앞발은 물건을 잡는 데 적합했습니다.

프루이타덴스 0.7m 2010년 발표

Fruitadens 프루이타(미국 지명)의 이빨 초식, 육식

가장 작은 조반류 공룡입니다. 아래턱에는 송곳니가 있고, 앞에는 못처럼 생긴 이빨이 나 있습니다. 식물뿐만 아니라 곤충도 먹은 것으로 보입니다.

서식 기간: 트라이아스기 / 쥐라기 / 백악기

티안유롱 중국
프루이타덴스 미국
헤테로돈토사우루스 남아프리카
아브릭토사우루스 남아프리카
리코리누스 남아프리카

초식 공룡 육식 공룡

원시적인 장순아목

고바야시 박사의 포인트!

쥐라기 전기가 되면 등에 골판이나 뼈 혹으로 이루어진 갑옷을 입은 원시적인 장순아목이 등장해. 원시적인 갑옷이라도 육식 공룡에게서 몸을 지키는 데는 큰 도움이 되었을 거야.

조반류 ● 원시적인 장순아목

스켈리도사우루스 4m

Scelidosaurus 발 도마뱀 초식

역사상 처음으로 전신 골격이 가장 명확하게 밝혀진 공룡입니다. 목부터 꼬리까지 타원형과 삼각형 모양의 가시가 있었는데 꼬리 뒤쪽과 허벅지까지 퍼져 있습니다. 부리와 나뭇잎 모양의 이빨로 식물을 잘라 먹었습니다.

서식 기간 | 트라이아스기 | 쥐라기 | 백악기

초식 공룡 육식 공룡

스쿠텔로사우루스 2m
Scutellosaurus 작은 방패 도마뱀 초식

뒷다리와 꼬리가 길었으며, 때로는 두 발로 뛰면서 도망치기도 했습니다. 300개 이상의 작은 골판으로 뒤덮였습니다.

에마우사우루스 1.2m
Emausaurus EMAU(에른스트 므리츠 아른트 대학의 머리 글자)의 도마뱀 초식

거의 완전한 머리뼈를 발견했는데 크기가 스켈리도사우루스의 반밖에 되지 않았습니다. 갑옷도 완벽한 상태는 아니었을 것으로 추측하는데, 원시적인 장순아목 중에서도 초기 공룡으로 보입니다.

크기 체크

루시타노사우루스 4m
Lusitanosaurus 루시타니아(포르투갈의 구 지명)의 도마뱀 초식

포르투갈에서 발견한 공룡입니다. 가장 오래전에 살았던 공룡으로 알려져 있습니다. 일곱 개의 이빨이 붙은 위턱뼈 화석을 발견했습니다.

Q&A Q 몸에 난 돌기의 성분은 무엇이었어요? A 사슴뿔처럼 케라틴이라는 손톱과 같은 물질이 뼈를 덮고 있었습니다.

스테고사우루스류 ①

🔸 고바야시 박사의 포인트!

등에 달린 골판이 특징인 초식 공룡류야. 쥐라기 후기에 접어들면서 전 세계에서 번성했는데, 북미에서는 최대 크기의 스테고사우루스가 등장했어. 하지만 백악기 중기에 스테고사우루스류는 모두 모습을 감추었어.

조반류 ● 검룡하목

스테고사우루스 7~9m
Stegosaurus 지붕 도마뱀 초식

최대 크기의 검룡입니다. 등에는 오각형 모양에 가까운 판 모양의 뼈가 번갈아 나 있습니다. 긴 가시가 달린 꼬리로 적으로부터 몸을 지켰습니다.

🔍 줌업 — 목을 지키는 갑옷

쥐라기 후기, 스테고사우루스는 알로사우루스 같은 육식 공룡의 먹잇감이었습니다. 스테고사우루스의 목에는 뼈가 조각조각 모여 있는 갑옷 같은 부분이 있었습니다. 갑옷 덕에 육식 공룡의 공격에서 목을 지켰던 것으로 보입니다.

초식 공룡 육식 공룡

스테고사우루스의 판 모양 뼈

10cm

스테고사우루스의 판 모양 뼈에는 수많은 홈이 있는데, 이곳으로 혈관이 지났으며 뼈 내부에도 수많은 혈관이 있었습니다. 이 부분에 햇빛을 쬐어 혈액을 따뜻하게 덥히거나 바람을 닿아 혈액을 차갑게 식히면서 체온 조절을 했을 것으로 추측하고 있습니다. 혹은 판들을 부르르 떨면서 적을 위협했을 수도 있습니다.

꼬리의 가시
꼬리를 좌우로 흔들면서 습격하려는 공룡의 다리를 공격했던 것으로 추측됩니다.

스테고사우루스의 뇌
스테고사우루스는 9m나 되는 거대한 공룡이었지만, 뇌는 호두 크기 정도였습니다.

스테그사우루스

크기 체크

스테고사우루스류는 앞다리가 뒷다리보다 매우 짧았습니다. 그래서 머리가 낮은 위치에 있어, 키가 작은 식물을 먹었을 것으로 보입니다.

스테고사우루스류 ②

조반류 ● 검룡하목

투오지앙고사우루스 7m
Tuojiangosaurus 투오지앙(중국 강 이름)의 도마뱀 초식

중국에서 발견한 스테고사우루스 중에서 가장 많이 연구한 공룡입니다. 등뼈를 따라 2열로 골판이 늘어서 있으며 어깨에는 긴 가시가 나 있었습니다.

서식 기간 트라이아스기 쥐라기 백악기

렉소비사우루스 5m
Lexovisaurus 렉소비(고대 인종의 이름)의 도마뱀 초식

골판의 밑부분이 넓으며, 끝이 가시처럼 생긴 독특한 판 모양의 뼈가 목에서 등까지 나 있습니다. 어깨에 난 가시는 몸 크기에 비해 커서 1m나 됐습니다.

서식 기간 트라이아스기 쥐라기 백악기

후아양고사우루스 4.5m
Huayangosaurus 후아양(중국 쓰촨성 지역의 다른 이름)의 도마뱀 초식

초기에 나타난 검룡입니다. 스테고사우루스류 중에서는 가장 작았습니다.

서식 기간 트라이아스기 쥐라기 백악기

초식 공룡 육식 공룡

크기 체크

- 다센트루루스
- 렉소비사우루스
- 후아양고사우루스
- 투오지앙고사우루스

다센트루루스 8m
Dacentrurus 가시가 있는 꼬리 초식

19세기에 유명했던 고생물학자인 리처드 오언이 발견한 최초의 검룡입니다. 앞다리가 길고 배와 등판이 넓고 평평했습니다.

서식 기간 | 트라이아스기 | 쥐라기 | 백악기

스테고사우루스 VS. 알로사우루스

쥐라기 후기, 초식 공룡인 스테고사우루스는 육식 공룡인 알로사우루스의 먹잇감이었습니다. 스테고사우루스는 꼬리에 난 가시로 몸을 지키려고 했겠지요. 알로사우루스의 등뼈 화석에 스테고사우루스의 꼬리 가시에 찔린 것 같은 구멍이 있는 것으로 보아 매우 격렬하게 싸웠음을 알 수 있습니다.

스테고사우루스와 알로사우루스의 전신 골격

스테고사우루스류 ③

조반류 ● 검룡하목

우에르호사우루스 6m
Wuerhosaurus 우얼허(중국의 지명)의 도마뱀 초식
검룡 중에서는 새로운 시대인 백악기에 살았습니다. 직사각형 모양의 뼈판이 등을 따라 나 있습니다.

서식 기간 | 트라이아스기 | 쥐라기 | 백악기

헤스페로사우루스 6m
Hesperosaurus 서부의 도마뱀 초식
미국 와이오밍주의 모리슨 층에서 거의 완벽한 두개골과 수많은 뼈를 발견했습니다. 머리뼈의 길이는 짧고 폭이 넓었습니다. 완전모식표본(※)은 일본에 있습니다.

서식 기간 | 트라이아스기 | 쥐라기 | 백악기

미라가이아 6.5m
Miragaia 미라가이아(포르투갈의 지명) 초식
긴 목이 특징입니다. 스테고사우루스의 목뼈는 일반적으로 12~13개지만, 미라가이아는 17개나 되며, 몸 전체 길이의 3분의 1이나 차지했습니다. 기다란 목 덕에 키가 큰 식물도 먹을 수 있었습니다.

치아링고사우루스 4m
Chialingosaurus 자링강(중국 강 이름)의 도마뱀 초식
검룡하목 중에선 가장 오래전 시기에 살았던 공룡입니다. 등에 있는 판 모양의 뼈는 다소 작았습니다.

서식 기간 | 트라이아스기 | 쥐라기 | 백악기

크기 체크: 헤스페로사우루스 · 우에르호사우루스 · 치아링고사우루스 · 미라가이아 · 켄트로사우루스

초식 공룡 육식 공룡 ※완전모식표본(holotype) : 신종 기재 시에 지정된 정기준 표본입니다.

지아펠타 6m 2014년 발표
Ziapelta 지아(뉴멕시코 주의 부족 이름) 초식
뺨에 난 뼈 가시는 꽤 큰 크기로 삼각형 모양이었습니다. 또한, 목 주위에 난 가시도 다른 안킬로사우루스류보다 더 커서 눈에 띄었습니다. 가시는 배는 물론, 짧은 앞발까지 뒤덮었습니다.

자라펠타 6.5m
Zaraapelta 고슴도치의 작은 방패 초식
수많은 혹과 가시가 달린 특징적인 머리뼈를 발견했지만, 전체 크기는 정확히 알지 못합니다. 타르키아와 가까운 종으로 추측합니다.

저지앙고사우루스 6m
Zhejiangosaurus 저장성(중국 지명)의 도마뱀 초식
골격은 안킬로사우루스를 닮았지만, 꼬리에 해머가 없어 노도사우루스류라고 생각했던 적도 있습니다. 최근 분류에서는 안킬로사우루스류로 보고 있습니다.

곡룡의 위에는 박테리아가 있어 식물의 소화를 도운 것으로 보입니다.

안킬로사우루스류 ②

조반류 • 곡룡하목

유오플로케팔루스 6m
Euoplocephalus 잘 무장된 머리　초식

15마리의 머리뼈를 포함해서 40개 이상의 화석을 발견했습니다. 무리를 짓지 않고 단독으로 생활했습니다. 두껍고 무거운 해머를 지녔습니다.

| 서식 기간 | 트라이아스기 | 쥐라기 | 백악기 |

곡룡의 갑옷과 해머

유오플로케팔루스의 등 갑옷 화석

유오플로케팔루스의 전신 골격을 보면 곡룡의 갑옷이 피부가 변한 뼈판으로 이루어졌다는 것과 가시가 늘어선 방식을 알 수 있습니다. 또한, 무시무시한 꼬리 해머가 한 쌍의 뼈 덩어리라는 것도 파악할 수 있습니다. 곡룡류는 이렇게 단단한 가시와 해머로 육식 공룡에게서 몸을 지켰습니다.

탈라루루스 4~6m
Talarurus 바스켓 같은 꼬리　초식

고비 사막에서 발견했습니다. 반듯한 갈비뼈로 지탱한 몸은 마치 나무통 같습니다. 다리도 짧아 하마를 떠올리게 하는 체형이었습니다. 꼬리의 해머는 작은 편입니다.

| 서식 기간 | 트라이아스기 | 쥐라기 | 백악기 |

탈라루루스의 전신 골격

초식 공룡　육식 공룡

피나코사우루스 5.5m
Pinacosaurus 두꺼운 판 도마뱀 초식

아시아에서 가장 많은 화석을 발견한 공룡입니다. 다른 안킬로사우루스류보다 몸이 가볍고 다리도 가는 편이었습니다. 건조한 사막에서 살았습니다.

서식 기간 | 트라이아스기 | 쥐라기 | 백악기

피나코사우루스의 전신 골격

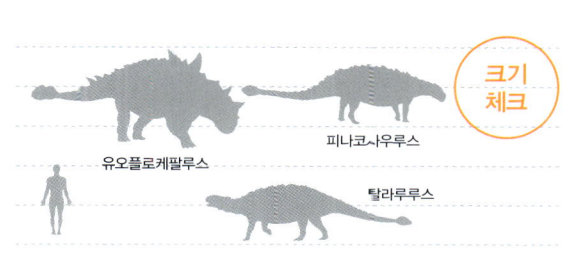

크기 체크
유오플로케팔루스
피나코사우루스
탈라루루스

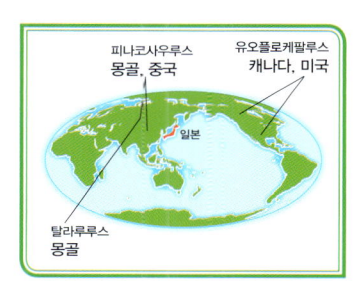

피나코사우루스 몽골, 중국
유오플로케팔루스 캐나다, 미국
탈라루루스 몽골

고바야시 박사의 그렇구나! 칼럼

공룡은 어느 정도 속도로 달렸을까?

2007년에 영국 맨체스터대학 연구팀에서 공룡의 속도에 관한 연구 결과를 발표했습니다. 화석에서 파악한 골격, 근육이 붙어 있는 모양과 자세 등을 바탕으로 계산한 것으로, 티라노사우루스는 약 시속 28km로, 스포츠 선수보다 더 빨랐습니다. 다른 공룡의 스피드도 계산했는데, 그중에서 가장 빨랐던 공룡이 약 3kg 정도 되는 작은 공룡 콤프소그나투스로 시속 64km 정도로 나왔습니다. 이는 일반 도로를 달리는 자동차보다 빠른 속도입니다. 또한, 오르니토미무스도 시속 60km 이상의 속도로 달렸다고 합니다.

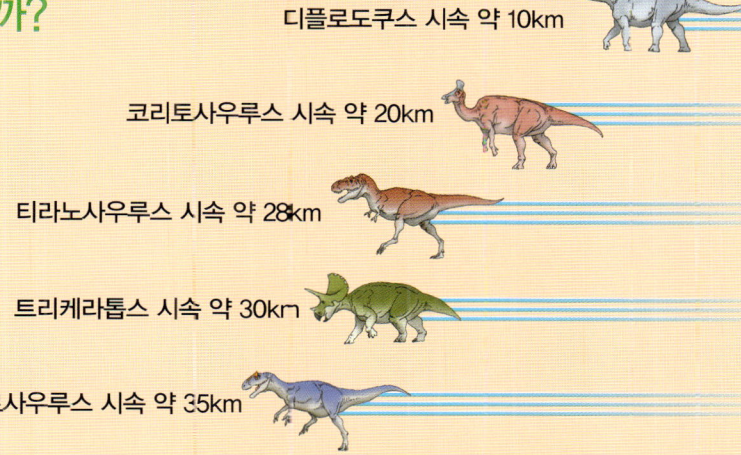

디플로도쿠스 시속 약 10km
코리토사우루스 시속 약 20km
티라노사우루스 시속 약 28km
트리케라톱스 시속 약 30km
알로사우루스 시속 약 35km
사람 시속 약 36km
딜로포사우루스 시속 약 40km
벨로키랍토르 시속 약 40km
콤프소그나투스 시속 약 64km

 Q. 곡룡은 어느 정도 속도로 걸었나요? 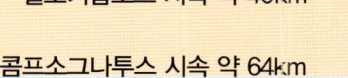 A. 곡룡은 시속 3km 정도로 걸었다는 계산이 있습니다.

노도사우루스류 ①

고바야시 박사의 포인트

안킬로사우루스류보다 원시적인 곡룡류로 꼬리에는 해머가 없었으며 머리와 코끝이 늘씬한 점이 특징이야! 어깨에 가시가 난 공룡도 있었어. 주로 북반구에서 번성했지.

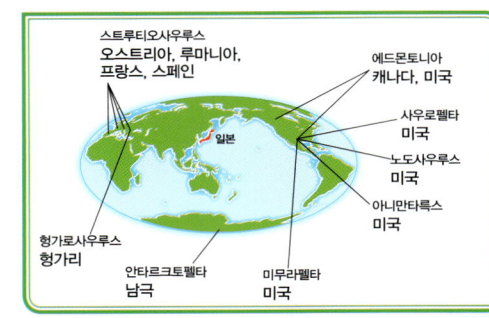

스트루티오사우루스 - 오스트리아, 루마니아, 프랑스, 스페인
에드몬토니아 - 캐나다, 미국
사우로펠타 - 미국
노도사우루스 - 미국
아니만타륵스 - 미국
헝가로사우루스 - 헝가리
안타르크토펠타 - 남극
미무라펠타 - 미국

노도사우루스 6m
Nodosaurus 매듭이 지어진 도마뱀 초식
작은 사각형 골판이 옆으로 늘어서 있었으며, 등에 열을 지어 나 있었습니다. 천적에게 습격받을 때는 땅에 엎드려 등의 갑옷으로 몸을 지켰을 것입니다.

서식 기간: 트라이아스기 / 쥐라기 / 백악기

미무라펠타 2.7m
Mymoorapelta 미가트 무어(미국 채석장)의 방패 초식
미무라펠타는 쥐라기에 살았던 원시적인 노도사우루스류입니다. 머리에 난 가시는 안킬로사우루스의 특징이기도 합니다. 가장 원시적인 안킬로사우루스로 보는 견해도 있습니다.

서식 기간: 트라이아스기 / 쥐라기 / 백악기

아니만타륵스 3m
Animantarx 살아 있는 요새 초식
소형 노도사우루스류입니다. 머리뼈에도 가시가 있습니다. 에드몬토니아에 가까운 공룡으로 보는 학자도 있습니다.

서식 기간: 트라이아스기 / 쥐라기 / 백악기

헝가로사우루스 4m
Hungarosaurus 헝가리의 도마뱀 초식
머리뼈 등을 분석한 결과, 안킬로사우루스류보다 달리는 데 적합한 자세와 움직임을 취했음을 알 수 있었습니다.

서식 기간: 트라이아스기 / 쥐라기 / 백악기

사우로펠타 6~7m
Sauropelta 도마뱀의 방패 초식
피부와 같은 갑옷 화석이 양호한 상태로 남아 있었습니다. 특이하게도 목부터 어깨까지 죽 늘어선 가시가 위를 향해 있습니다. 같은 지층에서 발견된 육식 공룡 데이노니쿠스에게 가시를 무기로 필사적으로 몸을 지켰을 게 분명합니다.

서식 기간: 트라이아스기 / 쥐라기 / 백악기

초식 공룡 육식 공룡

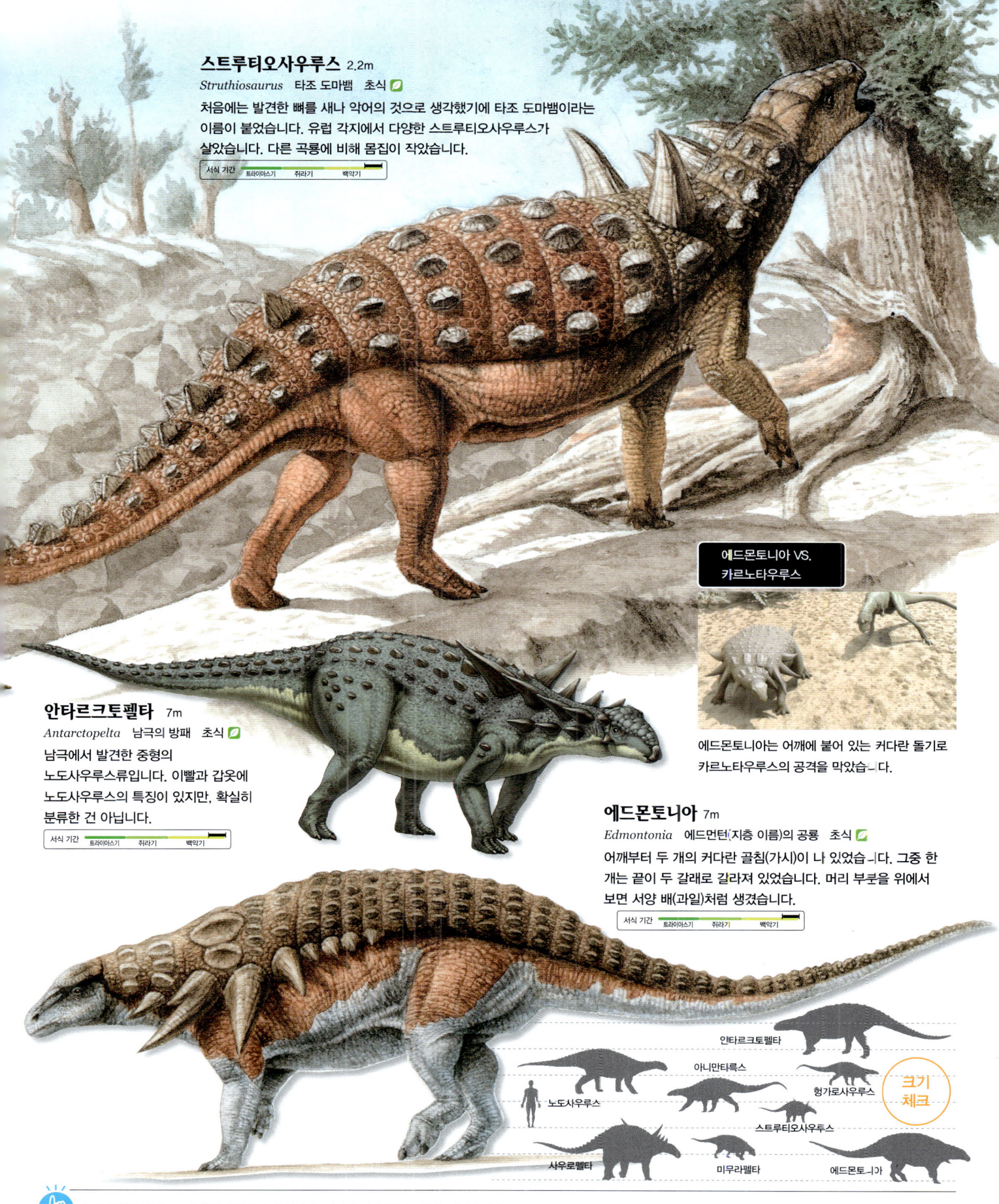

노도사우루스류②

조반류●곡룡하목

폴라칸투스 3~4m
Polacanthus 수많은 가시 초식
머리뼈를 제외한 거의 완전한 골격을 발견했습니다. 목, 어깨, 등에는 비스듬히 가시가 줄줄이 나 있었습니다. 허리를 덮은 한 장의 커다란 골판으로 몸을 지켰습니다.

타탄카케팔루스 머리뼈는 32cm
Tatankacephalus 피톤의 머리 초식
그동안 안킬로사우루스류로 분류했으나, 최신 연구에서는 원시적인 노도사우루스류로 다시 분류했습니다.

고바야시 박사의 그렇구나! 칼럼
커다란 방패처럼 생긴 화석
폴라칸투스의 허리에는 작은 골판이 빼곡히 모여서 이룬 방패처럼 생긴 갑옷이 한 장 있었습니다. 갑옷이 허리를 든든하게 지켜 준 덕에 육식 공룡의 공격을 막을 수 있었습니다.

유타랍토르(→P.203)

가스토니아 4.5~6m
Gastonia 가스톤(사람 이름)의 도마뱀 초식
목에서 등까지 커다란 가시가 위와 옆을 향해 나 있습니다. 이 가시로 같은 지역에 살던 육식 공룡 유타랍토르의 발톱과 이빨로부터 몸을 지켰습니다. 최근에는 안킬로사우루스류로 보는 연구도 있습니다.

폴라칸투스 영국
힐라에오사우루스 영국
타탄카케팔루스 미국
가스토니아 미국

🌿 초식 공룡 🐾 육식 공룡

힐라에오사우루스 4m
Hylaeosaurus 숲에 사는 도마뱀 초식

세계에서 최초로 발견한 곡룡입니다. 1842년, 유명한 고생물학자인 리처드 오언이 메갈로사우루스, 이구아노돈에 이어 세 번째 '공룡'으로 인정했습니다.

Q&A Q. 새끼 곡룡도 갑옷이 있었나요? A. 공룡이 어렸을 때는 갑옷이 없었습니다. 성장하면서 갑옷도 발달했습니다.

파키케팔로사우루스류 ①

🟥 **고바야시 박사의 포인트**

파키케팔로사우루스류는 후두류라고도 불러! 두꺼운 머리뼈가 특징이야. 봉긋 솟아오른 머리 가장자리에 돌기가 조르르 나 있는 공룡도 있어. 백악기 마지막까지 번성했던 초식 공룡류야.

조반목 ● 후두하목

파키케팔로사우루스 4.5m

Pachycephalosaurus 두꺼운 머리 도마뱀 초식

후두류에 속하는 공룡 중 가장 큽니다. 머리 돔 높이는 약 20cm였습니다. 미 대륙에서는 머리뼈만 발견되었습니다. 높은 지대나 산에서 살았기에 이 공룡의 뼈가 강줄기를 따라 흐르다가 평지에 도달했을 땐, 가장 단단했던 머리뼈만 남게 됐다는 설도 있습니다.

서식 기간 | 트라이아스기 | 쥐라기 | 백악기

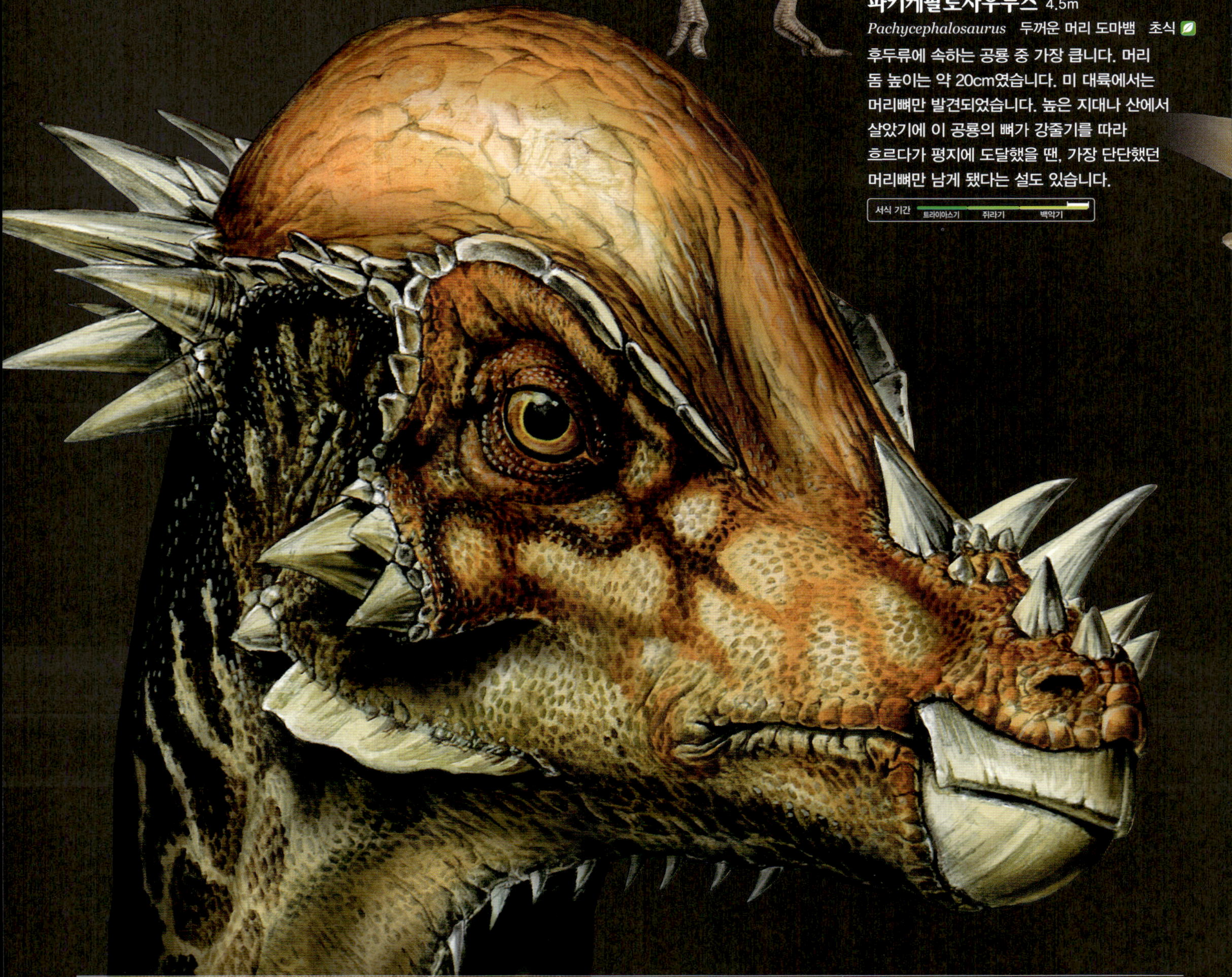

🌿 초식 공룡 🐾 육식 공룡

고요케팔레 1.8m
Goyocephale 꾸민 머리 초식
호말로케팔레와 닮았습니다. 머리는 솟아오르지 않았으며 평평합니다. 원시적인 후두류일지도 모릅니다.

서식 기간 | 트라이아스기 | 쥐라기 | 백악기

파키케팔로사우루스의 머리뼈

아크로톨루스 1.8m 2013년 발표
Acrotholus 높은 머리 초식
북미에서 발견된 공룡 중에서 가장 오래된 후두류 화석입니다. 원시적인 후두류지만, 머리 부위가 우뚝 솟아 있으며, 머리뼈 두께도 10cm나 되었습니다.

서식 기간 | 트라이아스기 | 쥐라기 | 백악기

크기 체크
고요케팔레
파키케팔로사우루스　아크로톨루스

Q&A Q. 수컷과 암컷의 머리 모양이 달랐나요?　A. 수컷과 암컷의 머리 모양이 달랐을 것으로 보고 있습니다. 수컷이 더 크고 많이 솟아올랐습니다.

파키케팔로사우루스류②

조반류 ● 후두하목

프레노케팔레 2.4m
Prenocephale 경사진 머리 초식
잘 보존된 완전한 머리뼈가 발견되었습니다. 돔 주위로 작은 뼈로 된 혹이 오돌토돌 나 있었습니다.

완나노사우루스 0.6m
Wannanosaurus 완난(중국 지명)의 도마뱀 초식
작은 몸집을 지닌 파키케팔로사우루스류입니다. 머리 윗부분이 평평하며 돔 모양으로 솟아 있지 않은 것으로 보아 원시적인 후두류로 보고 있습니다.

호말로케팔레 1.5~3m
Homalocephale 평평한 머리 초식
완전한 머리뼈와 다수의 뼈가 발견되었습니다. 머리 윗부분은 평평하며, 뒷부분에는 작은 돌기와 혹이 나 있습니다. 허리 폭이 넓고 꼬리는 끝부분까지 딱딱했습니다.

초식 공룡   육식 공룡

스테고케라스 1.5~2m
Stegoceras 뿔이 있는 천장 초식

수많은 머리뼈를 발견하여 한창 연구를 진행 중입니다. 머리 부분의 돔은 성장할수록 두꺼워지며, 수컷이 암컷보다 더 두꺼웠을 것으로 추측합니다.

서식 기간 | 트라이아스기 | 쥐라기 | 백악기

고바야시 박사의 그럼구! 칼럼

후두류의 박치기

파키케팔로사우루스 같은 후두류는 동료들과 격렬한 박치기를 했다는 설이 있습니다. 하지만 최근 연구에서는 그동안 발견된 머리뼈로 볼 때 목이 가는 편이라 박치기를 심하게 하지는 않았을 것으로 추측하고 있습니다.

원시적인 각룡류 ①

🔍 고바야시 박사의 포인트

프시타코사우루스와 인룡 같은 원시적인 각룡류는 백악기 초기 아시아에서 가장 번성했던 공룡 그룹이었어. 아직 프릴(주름 장식)은 발달하지 않았지만, 허리부터 꼬리까지 털 비슷한 조직이 있던 개체도 있었지.

조반류 ● 원시적인 각룡하목

프시타코사우루스 1~2m

Psittacosaurus 앵무새 도마뱀 초식

뿔과 주름 장식이 없는 원시적인 각룡류입니다. 부리가 눈에 띄는 앵무새를 닮은 얼굴 때문에 이런 이름이 붙었습니다. 수많은 화석이 발견된 상태입니다.

크기 체크

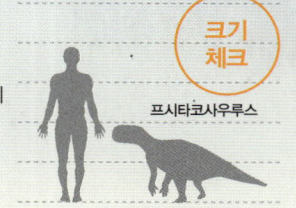

프시타코사우루스

프시타코사우루스의 새끼 무리

2003년, 중국 랴오닝성에 있는 이시안 지층에서 프시타코사우루스의 군집 화석을 발견했습니다. 이 군집에는 34마리의 새끼가 약 0.5㎡의 공간에 바짝 맞댄 채 있었습니다.
이 발견으로 프시타코사우루스가 무리로 생활했으며, 새끼를 길렀음을 알 수 있었습니다.

프시타코사우루스
중국, 몽골, 러시아

위석의 작용

프시타코사우루스 화석의 배에서 수많은 작은 돌을 발견했습니다. 이 돌들을 '위석'이라고 하는데, 초식 공룡 화석에서 종종 발견할 수 있습니다. 공룡이 집어삼킨 작은 돌은 위 속에서 서로 부딪치면서 딱딱한 식물을 갈아서 으깨 소화를 돕는 작용을 했습니다.

위석의 가장자리가 마모되어 표면이 반들반들합니다.

Q. 프시타코사우루스 새끼의 크기는 어느 정도였나요?

A. 새끼 공룡 화석을 발굴했을 때, 몸길이가 약 23cm였습니다.

원시적인 각룡류 ②

인롱 1.2m
Yinlong 숨겨진 도마뱀 초식
쥐라기에 발생했으나, 수는 적었던 각룡입니다. 머리뼈는 후두부가 짧은 프릴처럼 다소 솟아 있습니다. 각룡 특유의 부리를 지녔으며, 위턱 부리에는 엄니가 있었습니다.

아르카에오케라톱스 1.3m
Archaeoceratops 고대 뿔이 달린 얼굴 초식
뿔은 없으며 머리 뒷부분에는 짧은 프릴이 달렸습니다. 부리와 입 앞쪽으로 이빨이 있었습니다. 일본과 중국이 실크로드 공룡 발굴 조사팀을 만들어 조사하던 중에 발견했습니다.

리아오케라톱스 0.6m
Liaoceratops
랴오닝(중국 지명)의 뿔이 달린 얼굴 초식
각룡류에서 가장 몸집이 작아, 크기가 야생 토끼 정도였습니다. 초기 각룡에서 트리케라톱스 같은 거대한 각룡으로 진화하는 과정을 보여 주는 중요한 각룡입니다.

홍샤노사우루스 1.2m
Hongshanosaurus
홍산(중국 고대 문명의 이름)의 도마뱀 초식
새끼와 성체의 머리뼈가 발견되었습니다. 꼬리에 털이 났던 것으로 보입니다.

코리아케라톱스 1.8m 2010년 발표
Koreaceratops 한국의 뿔이 있는 얼굴 초식
아시아 동북부에서 처음으로 발견한 각룡류입니다. 꼬리가 지느러미처럼 생겼던 것으로 추측합니다. 헤엄을 잘 쳤으며, 수중 생물을 잡아먹었습니다.

초식 공룡 육식 공룡

차오양사우루스 1.1m
Chaoyangsaurus 차오양(중국 지명)의 도마뱀 초식
쥐라기 지층에서 화석이 발견되었습니다. 이 발견으로 각룡이 백악기보다 앞선 시대인 쥐라기 때부터 살았음을 알았습니다.

아퀼롭스 0.6m 2014년 발표 *Aquilops* 독수리 얼굴 초식
턱 앞에 달린 혹이 특징입니다. 원시적인 각룡류가 백악기 전기에 아시아에서 미국으로 이동한 증거가 되었습니다.

크기 체크

Q. 각룡은 무리 지어 살았나요?   A. 집단 화석이 다수 발견되었습니다. 무리를 지어 살았던 증거로 보고 있습니다.

프로토케라톱스류

고바야시 박사의 포인트!

프로토케라톱스류는 발달한 프릴과 강력한 턱을 갖추고 있었어! 머리 부분이 커지면서 네 발로 걷게 되었지. 주니케라톱스처럼 뿔이 난 공룡도 나타났어.

조반류 ● 원시적인 각룡하목

프로토케라톱스 2.5m
Protoceratops 최초의 뿔이 달린 공룡 초식

고비 사막에서 새끼 공룡부터 어른 공룡까지 수많은 뼈와 100개가 넘은 완전한 머리뼈를 발견했습니다. 무리를 지어 살면서 둥지를 짓고 새끼를 돌봤음을 알 수 있습니다. 원시적인 각룡 중에서는 큰 프릴을 지녔습니다.

서식 기간 | 트라이아스기 | 쥐라기 | 백악기

공룡의 성장

수많은 프로토케라톱스의 머리뼈를 발견했습니다. 막 태어났을 때부터 다 자랄 때까지 머리뼈와 턱이 어떻게 변했는지를 알 수 있습니다. 다 큰 프로토케라톱스는 뺨에 있는 돌기와 프릴이 머리뼈에서 나와 있습니다.

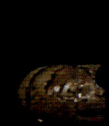 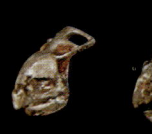 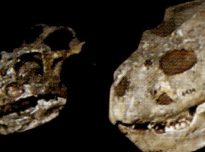 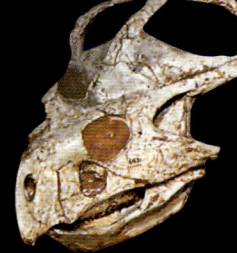 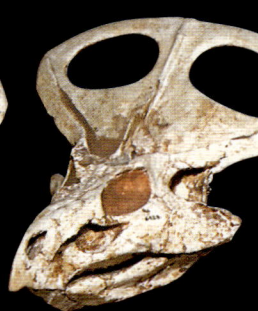

케라시놉스 1m
Cerasinops 더 작은 뿔이 있는 얼굴 초식

뿔이 없으며 프릴도 작은 원시적인 각룡의 특징을 지녔습니다. 아시아에서 서식했던 수많은 원시적인 각룡류가 미 대륙에서도 살았음을 알 수 있습니다.

서식 기간 | 트라이아스기 | 쥐라기 | 백악기

렙토케라톱스 2m
Leptoceratops 가냘픈 뿔이 달린 얼굴 초식

이름과는 달리 뿔은 없었습니다. 뒷다리가 길어 뒷다리로만 걸었으며 때로 일어서기도 했습니다. 체격은 이름처럼 가는 편이었습니다.

서식 기간 | 트라이아스기 | 쥐라기 | 백악기

초식 공룡 육식 공룡

센트로사우루스류 ①

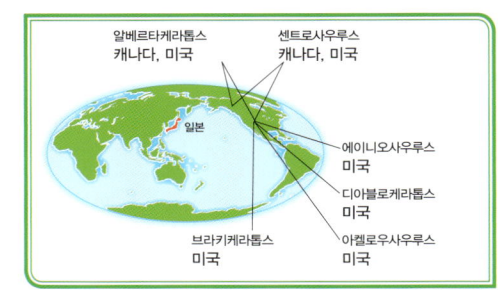

🟧 **고바야시 박사의 포인트!**

대부분의 센트로사우루스류는 코 위에 한 개의 커다란 뿔이 있었어! 눈 위에 난 뿔은 작은 편이었는데, 개중에는 없는 공룡도 있었지. 프릴은 그렇게 크지 않았지만, 프릴 가장자리에 뿔이 난 공룡도 있었지.

조반류 • 각룡하목

알베르타케라톱스 7m
Albertaceratops 앨버타(캐나다 지명)의 뿔이 달린 얼굴 초식 🌿
대다수의 센트로사우루스류와는 달리 눈 위에 두 개의 뿔이 나 있습니다. 콧등에는 혹도 있었습니다.

서식 기간 | 트라이아스기 | 쥐라기 | 백악기

에이니오사우루스 6m *Einiosaurus* 들소 도마뱀 초식 🌿
아래로 굽은 코 위의 뿔은 마치 커다란 병따개 모양이었습니다. 프릴 끝에 두 개의 긴 뿔이 나 있습니다.

서식 기간 | 트라이아스기 | 쥐라기 | 백악기

아켈로우사우루스 6m
Achelousaurus 아켈로스(그리스 신화에 나오는 강의 신)의 도마뱀 초식 🌿
코와 눈 위에는 뿔이 없지만, 주름진 혹이 있었습니다. 혹은 뿔이 바뀐 것으로 보입니다. 프릴에 바깥쪽으로 휘어진 두 개의 뿔이 달려 있었습니다. 파키리노사우루스와는 다른 공룡으로 보고 있습니다.

서식 기간 | 트라이아스기 | 쥐라기 | 백악기

🟧 **고바야시 박사의** 그렇구나! 칼럼

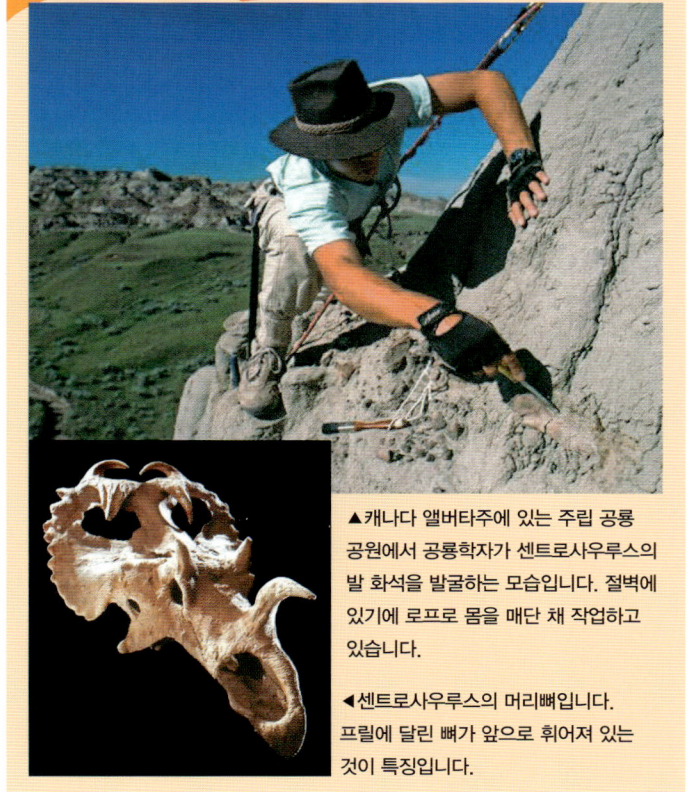

▲캐나다 앨버타주에 있는 주립 공룡 공원에서 공룡학자가 센트로사우루스의 발 화석을 발굴하는 모습입니다. 절벽에 있기에 로프로 몸을 매단 채 작업하고 있습니다.

◀센트로사우루스의 머리뼈입니다. 프릴에 달린 뼈가 앞으로 휘어져 있는 것이 특징입니다.

🌿 초식 공룡 🐾 육식 공룡

센트로사우루스류 ②

스타라코사우루스 5.5m
Styracosaurus 긴 가시가 난 도마뱀 초식

캐나다에서 처음으로 완전한 머리뼈를 발견한 각룡입니다. 프릴 주위에는 여섯 개의 긴 뿔이 있어 눈에 띄었습니다.

산불을 피해 도망친 스타라코사우루스
강 근처에서 스타라코사우루스의 집단 화석이 발견되었습니다. 산불을 피해 도망치다가, 혹은 홍수를 만나 무리가 한꺼번에 익사한 건지도 모릅니다.

파키리노사우루스 7m
Pachyrhinosaurus 두꺼운 코 도마뱀 초식

코 위부터 양 눈 사이에 뿔이 아닌 울룩불룩한 혹이 있었습니다. 프릴 뒤쪽과 가운데에 작은 뿔이 나 있습니다. 이것을 동료를 구분하게 한 표식으로 보고 있습니다.

아바케라톱스 2.3m
Avaceratops 에이바(사람 이름)의 뿔 달린 얼굴 초식

소형 각룡입니다. 화석을 발견한 에디 콜의 부인 이름을 따 지은 이름입니다.

크기 체크

파키리노사우루스 · 시노케라톱스
나수토케라톱스 · 스티라코사우루스 · 아브케라톱스

시노케라톱스 6m 2010년 발표
Sinoceratops 중국의 뿔 달린 얼굴 초식

중국에서 서식한 중형 각룡입니다. 코 위에 한 개의 뿔이 있었으며, 프릴에도 앞으로 휘어진 뿔이 왕관처럼 나 있었습니다.

서식 기간 | 트라이아스기 | 쥐라기 | 백악기

나수토케라톱스 4.8m 2013년 발표
Nasutoceratops 커다란 뿔이 달린 얼굴 초식

앞으로 달린 거대한 두 개의 뿔과 콧등이 난 큰 혹이 특징입니다. 코의 혹은 공기주머니였을 것으로 추측하지만, 정확히 어떤 역할을 했는지는 알려지지 않았습니다.

서식 기간 | 트라이아스기 | 쥐라기 | 백악기

고바야시 박사의 그렁구나! 칼럼

각룡의 새로운 발견 (마이클 라이언 박사)

아시아에서 미 대륙으로 건너간 각룡

현재까지 알려진 최초의 각룡은 쥐라기 후기에 아시아에 등장한 인롱입니다. 각룡류는 아시아에서 진화를 거듭했습니다. 한국에서 발견된 코리아케라톱스처럼 원시적인 각룡은 몸집도 작고 머리에 프릴이나 뿔도 없었습니다.

백악기 전기에 각룡류는 미 대륙으로 이동한 뒤, 트리케라톱스나 센트로사우루스, 카스모사우루스처럼 몸집이 거대한 각룡류로 진화했습니다.

아시아에서 미 대륙으로는 어떻게 갔을까요? 당시에는 베링 해협이 육지였기에 시베리아에서 걸어서 미 대륙으로 옮겨 간 것으로 추측하고 있습니다. 하지만 헝가리에서도 각룡 화석을 발견했기에 아시아에서 유럽을 거쳐 미 대륙에 다다른 것으로 보는 학자도 있습니다.

미 대륙에서 아시아로 다시 돌아온 각룡도 있습니다. 중국에서 발견한 시노케라톱스를 미 대륙에서 진화한 대형 각룡이 아시아로 다시 돌아온 것으로 보고 있습니다.

베링 육교를 건너는 각룡들

시노케라톱스 · 인롱 · 코리아케라톱스 · 트리케라톱스 · 카스모사우루스 · 센트로사우루스

트리케라톱스류 ①

고바야시 박사의 포인트!

각룡은 백악기 후기 북미에서 몸집이 커졌어! 트리케라톱스류는 거대한 프릴이 특징으로, 대부분 눈 위에 두 개의 긴 뿔과 콧등에 한 개의 짧은 뿔이 나 있었지.

조반류 ● 각룡하목

트리케라톱스 8~9m

Triceratops 세 개의 뿔이 달린 얼굴 초식

티라노사우루스 같은 육식 공룡과 함께 백악기 최후까지 살아남았던 최대급 각룡입니다. 세 개의 뿔, 강력한 턱, 단단한 프릴을 가지고 있었습니다. 프릴은 적에게서 소중한 목을 보호하는 역할을 했습니다.

서식 기간: 트라이아스기 / 쥐라기 / 백악기

크기 체크: 트리케라톱스

초식 공룡 육식 공룡

Q&A 각룡의 프릴은 수컷과 암컷 중 누구에게 있었나요? 　암수 모두 가지고 있었지만, 수컷이 한눈에 보기에도 더 화려한 프릴을 지녔어요.

트리케라톱스류②

조반류 • 각룡하목

세 개의 뿔
트리케라톱스류는 모두 새끼 때 세 개의 뿔을 가지고 있습니다. 성장하면서 프릴이 발달함과 동시에 외모가 달라집니다.

안키케라톱스 6m
Anchiceratops 뿔이 달린 얼굴에 가까운 것 초식
프릴이 크며 가장자리에 삼각형 모양의 뼈가 나란히 늘어서 있습니다. 꼬리는 짧은 편이었습니다.

서식 기간: 트라이아스기 / 쥐라기 / 백악기

새로운 복원
최신 연구에 따르면 트리케라톱스의 앞발은 살짝 바깥쪽을 향하고 있습니다. 이 복원 골격을 통해 새로운 형태의 앞발을 볼 수 있었습니다.

크기 체크
안키케라톱스

트리케라톱스의 전신 골격

트리케라톱스란 '세 개의 뿔이 달린 얼굴'이라는 의미입니다. 이 이름처럼 코 위에 한 개의 뿔과 눈 위에 두 개의 뿔이 있습니다. 세 개의 뿔로 동료들과 힘겨루기를 하거나 암컷을 사이에 두고 수컷들과 싸우기도 했습니다. 실제로 트리케라톱스의 머리뼈 화석에는 동료의 뿔에 받힌 것으로 보이는 상처가 꽤 많았습니다.

제공 : 일본 국립과학박물관

Q. 트리케라톱스의 프릴 크기는? **A.** 머리 길이만 2.4m 정도였습니다. 그중 반이 프릴의 크기입니다.

고바야시 박사의 그렇구나! 칼럼

트리케라톱스는 어떻게 서 있었을까요?

가장 유명한 공룡 중 하나인 트리케라톱스는 화석이 많이 발견된 덕에 연구도 상당히 많이 진행된 공룡입니다. 하지만 최근 앞다리 자세와 관련하여 새로운 발견이 있었습니다. 트리케라톱스 앞다리 자세와 걷는 방식에 대해서는 여러 설이 있었습니다. 지금까지 박물관에서 볼 수 있었던 대다수의 복원 골격은 앞발 발등을 앞으로 향한 자세였습니다(오른쪽 사진). 하지만 트리케라톱스의 앞발 뼈와 근육이 붙어 있던 곳을 유심히 관찰한 뒤 어떻게 움직였을지 조사하니, 앞발 발등이 앞으로 향한 자세로는 걷기 어려웠다는 사실을 알았습니다.

앞발의 자세는 어땠을까요? 앞발 발등이 앞이 아닌 옆으로 살짝 벌어져 있다고 생각해 보세요. 포유류인 사슴과 나무 타는 동물 대부분은 앞발 발등을 바깥쪽으로 향한 채, 네 발로 걸을 수 있었습니다. 트리케라톱스의 앞발 구조를 보면, 주로 엄지발가락부터 가운뎃발가락까지 세 개의 발가락으로 몸을 지탱한 것으로 보입니다. 강력한 엄지발가락을 앞으로 뻗어 지면을 탄탄히 밟고 섰습니다.
즉, 트리케라톱스의 앞발은 '살짝 옆으로 벌어진' 자세를 취했던 것으로 추측할 수 있습니다. 이렇게 공룡의 뼈만 자세히 살펴도 몸이 움직이는 방식이나 자세 등을 알 수 있습니다.

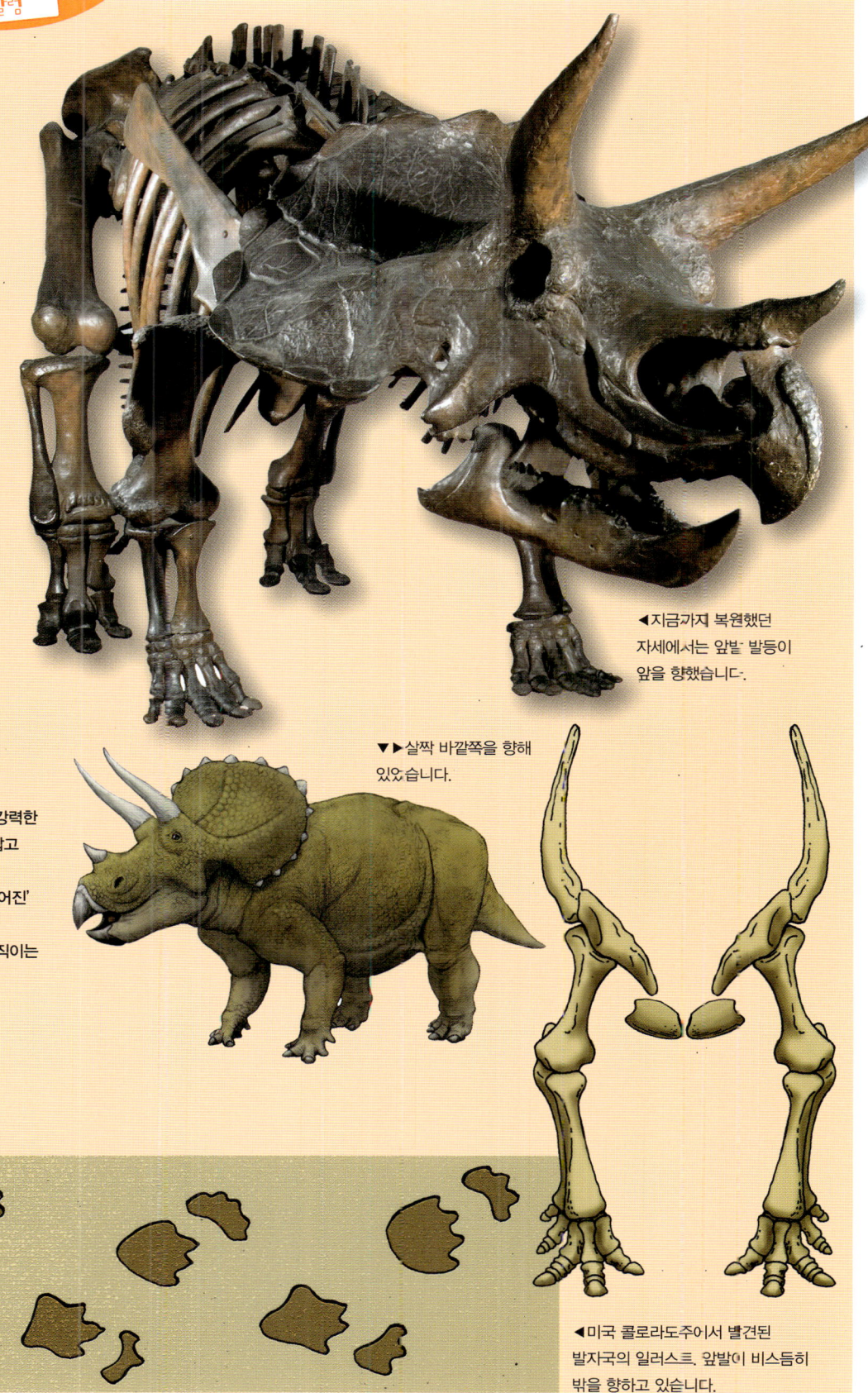

◀지금까지 복원했던 자세에서는 앞발 발등이 앞을 향했습니다.

▼▶살짝 바깥쪽을 향해 있었습니다.

◀미국 콜로라도주에서 발견된 발자국의 일러스트. 앞발이 비스듬히 밖을 향하고 있습니다.

Q&A Q. 공룡의 종류는 얼마나 되나요? A. 현재까지 알려진 것은 700~1,300종입니다. 하지만 실제로는 몇십 만 종의 공룡이 있었을 것으로 추측하고 있습니다.

다양한 각룡

북미에서 진화한 각룡은 다양한 모양의 프릴과 뿔을 가지고 있었습니다. 각룡은 프릴과 뿔을 육식 공룡과 싸우거나 같은 종끼리 싸울 때 사용했습니다. 또한, 수컷이 암컷에게 자신을 어필하거나 동료를 구분하는 역할도 했던 것으로 보입니다.

마치 소뿔 같아!

나수토케라톱스

프릴에도 거대한 뿔이!

스티라코사우루스

중국에서 발견한 대형 각룡

센트로사우루스

센트로사우루스류

대부분의 센트로사우루스류는 코 위에 한 개의 뿔이 있었으며, 프릴에도 뿔이 나 있었습니다.

제노케라톱스
프릴에 두 개의 거대한 뿔이 달려 있었습니다.

시노케라톱스

디아블로케라톱스

파키리노사우루스

알베르타케라톱스

조반류 ● 각룡하목

파키리노사우루스는 코 위에 뿔이 없었지만, 그 대신 혹 모양의 뼈가 있었습니다. 수컷끼리 힘겨루기를 할 때 썼을 수도 있습니다.

힙실로포돈류

고바야시 박사의 포인트!

가장 원시적인 조각류로 쥐라기 후기부터 백악기 후기까지 오랜 기간 번성했어. 남극에서도 살았다고 해!

조반류 ● 원시적인 조각하목

라엘리나사우라 2m
Leaellynasaura 라엘린(사람 이름)의 도마뱀 초식

눈이 커서 뇌에서 시각을 관장하는 부분이 컸음을 알 수 있습니다. 당시 호주는 남극권에 속했기에 햇볕이 비치지 않는 날에도 주위를 잘 살필 수 있도록 눈이 커진 것으로 추측하고 있습니다.

힙실로포돈 2.3m
Hypsilophodon 높게 솟은(산 모양의) 이빨 초식

최초로 발견된 소형 조각류입니다. 작은 머리와 큰 눈이 특징입니다. 머리를 들고 몸과 꼬리를 수평으로 맞추면서 일어났으며, 천적에게서 도망칠 때는 재빠르게 몸의 움직임을 바꾸어 내달렸습니다.

힙실로포돈의 머리뼈
좁고 긴 턱을 지녔습니다. 작고 가는 부리는 식물을 골라 먹는 데 적합했습니다.

테스켈로사우루스 3~4m
Thescelosaurus 놀라운 도마뱀 초식

코끝이 길고 머리는 작았으며 폭이 넓은 몸통과 두꺼우면서도 탄탄한 뒷다리가 특징입니다. 심장 화석이 발견되어 주목을 받았지만, 아직도 수많은 학자가 당시 발견한 화석은 심장이 아니라고 주장합니다.

트리니사우라 2.7m 2013년 발표
Trinisaura 트리니 박사의 도마뱀 초식

남극 대륙에서 네 번째로 발견한 공룡입니다. 노도사우루스류인 안타르크토펠타와 같은 지역에 살았습니다.

74 초식 공룡 / 육식 공룡

오로드로메우스 2.5m
Orodromeus 산의 스프린터 초식

19개의 알과 새끼, 다 자란 공룡 화석을 발견한 덕에 성장 과정을 알 수 있었습니다. 갓 부화한 새끼도 스스로 걸으며 식물을 뜯어 먹을 수 있었습니다.

크기 체크: 힙실로포돈, 테스캘로사우루스, 트리니사우라, 라엘리나사우라, 오로드로메우스

오로드로메우스의 알 화석
화석 안에 오로드로메우스 새끼의 뼈가 있는 진귀한 자료입니다.

이구아노돈류 ①

이구아노돈
영국, 벨기에, 미국, 프랑스, 독일, 스페인, 포르투갈, 몽골

고바야시 박사의 포인트!

쥐라기 중기부터 백악기 후기에 걸쳐 가장 번성했던 초식 공룡 중 하나야! 위턱을 좌우로 미끄러뜨리면서 뺨에서 안쪽 이빨을 문지르는 방식으로 식물을 으깰 수 있었어. 뾰족한 엄지발가락을 몸을 지키는 무기로 썼을 거야.

조반류 ● 원시적인 조각하목

이구아노돈 10m
Iguanodon 이구아나의 이빨 초식

넓은 부리를 이용해 입안 가득 나뭇잎을 뜯은 다음, 뺨 안쪽에 나 있는 이빨로 으깼습니다. 날카로운 가시 모양의 엄지발가락은 천적을 공격하는 무기였을 것으로 보입니다. 새끼발가락을 구부릴 수 있어 먹이인 식물을 잡을 수 있었습니다.

서식 기간 | 트라이아스기 | 쥐라기 | 백악기

이구아노돈은 두 발로 걸을 수 있었지만, 대부분 네 발로 걸었습니다.

이구아노돈류 ②

조반류 ● 조각하목

데이노니쿠스에게 공격당하는 테논토사우루스

데이노니쿠스는 떼를 지어 자신보다 큰 테논토사우루스를 사냥했다는 설도 있습니다.

테논토사우루스 8m
Tenontosaurus 힘줄 도마뱀 초식

예전엔 힙실로포돈류로 여겼으나, 지금은 원시적인 이구아노돈류로 보고 있습니다. 데이노니쿠스 화석과 같은 지역에서 발견된 적이 많아, 데이노니쿠스의 주요 먹잇감이었다는 설도 있습니다.

서식 기간: 트라이아스기 쥐라기 **백악기**

이구아노돈류 ③

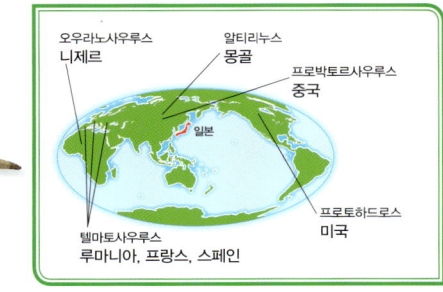

텔마토사우루스 5m
Telmatosaurus 습지 도마뱀 초식

거의 완전한 골격을 발견했습니다. 하드로사우루스류 중에서도 원시적인 특징을 지녔습니다. 머리뼈는 울퉁불퉁한 곳이 적어 비교적 평평한 편이었으며, 주둥이 폭은 좁고 이빨 개수도 많지 않았습니다.

알티리누스 8m
Altirhinus 높은 코 초식

처음엔 이구아노돈이라고 생각했습니다. 뾰족한 주둥이, 큰 콧구멍, 무엇보다 높게 솟아오른 콧등이 특징입니다.

프로토하드로스 6m
Protohadros 최초의 하드로사우루스 초식

콧등이 아래로 늘어져 있어서 땅에 난 식물을 먹기에 적합했습니다. 강 입구에 있는 습지대 수생 식물을 폭이 넓은 주둥이로 건져 내 먹었습니다.

프로박트로사우루스 6m
Probactrosaurus 원시 박트로사우루스 초식

원시적인 하드로사우루스류로 골격은 이구아노돈과 비슷합니다. 이빨이 난 모양은 하드로사우루스류에 가깝습니다.

크기 체크

초식 공룡   육식 공룡

오우라노사우루스 7m
Ouranosaurus 용맹한 도마뱀 초식

아프리카 사하라 사막에서 발견했습니다. 등뼈 위에 매우 길게 뻗은 돌기가 있어 마치 배의 돛처럼 보입니다. 머리 부분은 길고 주둥이는 평평하며 넓적했습니다.

서식 기간: 트라이아스기 / 쥐라기 / 백악기

고바야시 박사의 그렁구나! 칼럼

초식 공룡의 이빨, 덴탈 배터리

초식 공룡이 충분한 영양분을 얻으려면 대량의 식물을 먹어야 합니다. 딱딱한 잎이나 과일을 많이 섭취할 수 있었던 건 바로 특수한 이빨 덕분입니다. 이구아노돈류나 트리케라톱스류 같은 조반류 공룡의 주둥이는 부리처럼 생겼습니다. 부리로 딱딱한 식물을 씹거나 턱 안쪽에 난 이빨로 먹이를 잘게 잘랐습니다. 초식 공룡의 이빨은 몇 겹에 걸쳐 촘촘히 나 있는데, 트리케라톱스는 200개 이상의 이빨이 있었습니다. 턱 안쪽 부분에선 언제나 새로운 이빨이 자라날 준비를 하고 있어, 이빨이 닳거나 더는 제 역할을 하지 못하면 새로운 이빨이 그 자리를 대신했습니다. 이렇게 이빨이 자라는 것을 '덴탈 배터리(Dental Battery)'라고 합니다. 초식 공룡은 덴탈 배터리가 발달한 덕에 딱딱한 잎을 듬뿍 먹을 수 있었습니다.

▲에드몬토사우루스의 주둥이

▲트리케라톱스의 주둥이

하드로사우루스류는 식물을 갈아서 으깨는 능력이 탁월했으며 위아래 턱 안쪽으로 200개에 가까운 이빨이 촘촘히 나 있었습니다. 강력한 이빨 덕에 하드로사우루스류는 먹이인 식물로 충분한 열량을 효율적으로 얻을 수 있었습니다.

◀하드로사우루스류의 덴탈 배터리

오우라노사우루스의 등에 난 돛은 높이가 1m나 되었습니다. 체온 조절이나 동료를 구분하는 데 썼을 것으로 추측합니다.

이구아노돈류 ④

조반류 • 조각하목

이구아노돈의 발자국
뒷다리의 발자국으로, 발 크기는 약 50cm이며 세 개의 발가락으로 땅을 디디며 걸었음을 알 수 있습니다. 수많은 발자국을 발견한 덕에 무리로 행동했다는 사실도 알아냈습니다.

코시사우루스 3m 2015년 발표
Koshisaurus 코시노쿠니(후쿠이현, 니가타현의 옛 이름)의 도마뱀 초식

2008년에 화석을 발견했는데, 이빨의 특징으로 새로운 종류의 하드로사우루스류임을 알았습니다. 발견한 화석은 전체 길이가 3m 정도의 어린 공룡으로 추측하고 있습니다.

후쿠이사우루스 4.7m
Fukuisaurus 후쿠이(일본의 지명)의 도마뱀 초식

일본에서 처음으로 학명을 붙인 초식 공룡입니다. 후쿠이현 가쓰야마시에서 머리뼈, 이빨, 등뼈, 꼬리 등 화석을 발견했습니다. 개칭은 후쿠이류입니다.

고바야시 박사의 그렇구나! 칼럼
백악기 후쿠이현 가쓰야마시

후쿠이현 가쓰야마시에 수많은 후쿠이사우루스가 살았던 것으로 추측합니다. 유체(새끼 공룡)부터 아성체(젊은 공룡)까지 다양한 연령의 후쿠이사우루스가 이곳에 정착하여 살았습니다. 또한, 후쿠이사우루스로 추정되는 뼈에 육식 공룡의 이빨 자국이 있는 것으로 보아, 이들의 서식지 근처에는 후쿠이랍토르 같은 천적이 눈을 부라리며 이들을 지켜봤으리라 추측할 수 있습니다.

쥐라기 화석입니다. 캄프토사우루스가 알로사우루스에게 공격받는 모습을 복원했습니다.

캄프토사우루스에게는 이구아노돈 같은 강력한 발톱이 없었기에, 육식 공룡에게 습격당하면 맞서지 않고 B-로 도망쳤습니다.

하드로사우루스류 ①

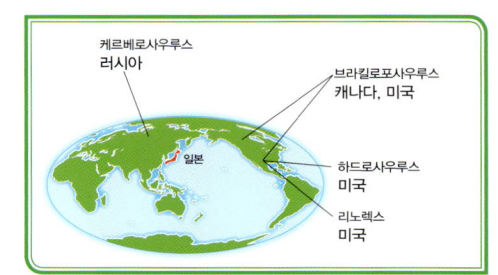

🔸 **고바야시 박사의 포인트**

이구아노돈류에서 진화한 초식 공룡 그룹이야. 턱 끝의 폭이 넓어, 오리 주둥이처럼 보여 '오리 주둥이 공룡'이라고도 부르지. 덴탈 배터리라는 진화한 구조의 이빨 덕에 다량의 식물을 효율적으로 먹을 수 있었어!

조반류 ● 조각하목

크기 체크

하드로사우루스 7~10m
Hadrosaurus 단단한 도마뱀(하돈필드의 도마뱀) 초식

북미에서 처음 발견한 뒤 최초로 골격을 맞추어 전시한 공룡입니다. 그때는 직립하여 캥거루 같은 자세로 걸었다고 생각했으나, 현재는 몸을 수평으로 한 채 네 발, 혹은 두 발로 걸었다는 것을 알아냈습니다.

서식 기간: 트라이아스기 / 쥐라기 / 백악기

세케르노사우루스 3m
Secernosaurus 잘라낸 도마뱀 초식

남미에서 처음 발견한 하드로사우루스류입니다. 크리토사우루스와 같은 종류로 보고 있습니다.

서식 기간: 트라이아스기 / 쥐라기 / 백악기

브라킬로포사우루스 7m
Brachylophosaurus

콧등에 솟아오른 뼈부터 이마와 정수리에 걸쳐 판처럼 평평한 뼈가 이어져 있는데, 가장자리가 뒤로 돌출되어 있습니다. 다른 하드로사우루스류와 비교하면 두꺼운 머리뼈와 다소 긴 앞다리가 특징입니다.

서식 기간: 트라이아스기 / 쥐라기 / 백악기

케르베로사우루스 9m
Kerberosaurus 지옥의 문지기 도마뱀 초식

머리뼈만 발견했습니다. 프로사우롤로푸스와 사우롤로푸스에 가까운 공룡으로, 이 공룡이 북미에서 동아시아를 걸쳐 이동했음을 알았습니다.

서식 기간: 트라이아스기 / 쥐라기 / 백악기

초식 공룡 / 육식 공룡

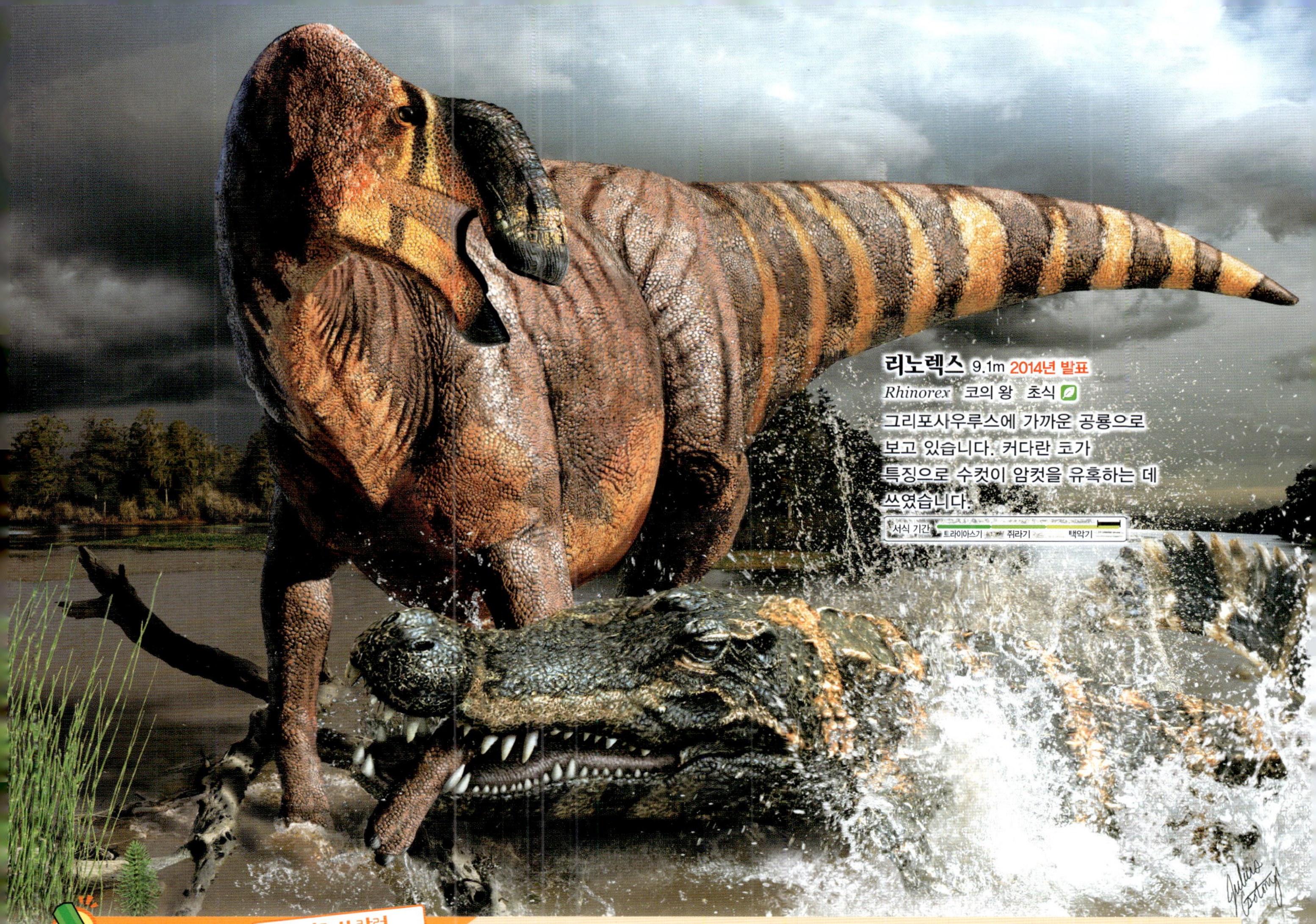

리노렉스 9.1m **2014년 발표**

Rhinorex 코의 왕 초식

그리포사우루스에 가까운 공룡으로 보고 있습니다. 커다란 코가 특징으로 수컷이 암컷을 유혹하는 데 쓰였습니다.

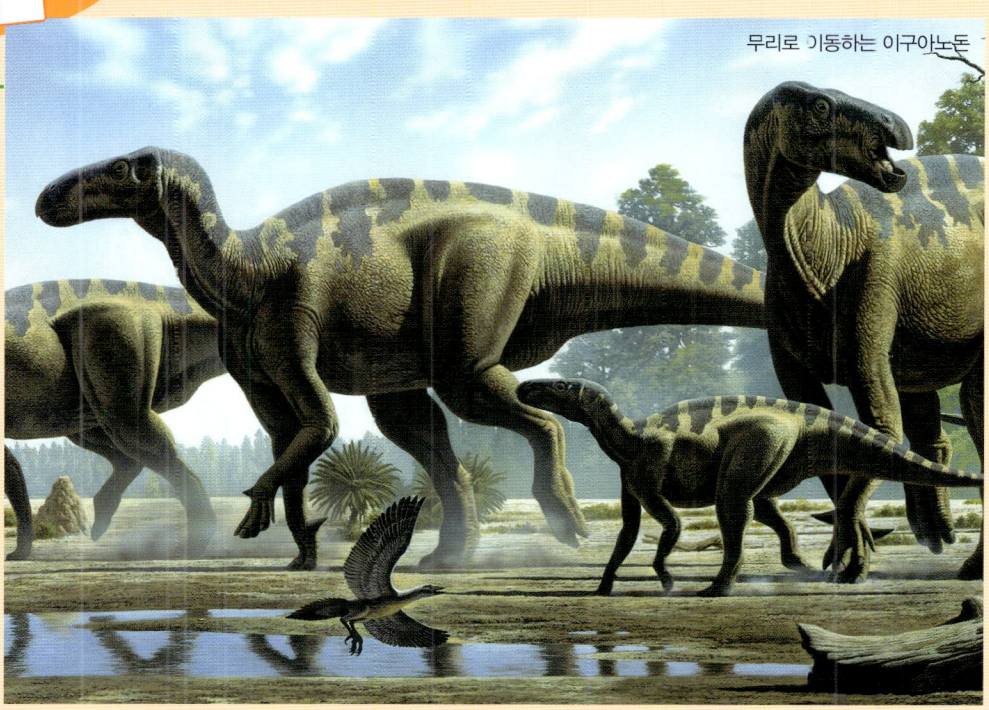

서식 기간 트라이아스기 쥐라기 백악기

고바야시 박사의 그렇구나! 칼럼

무리 지어 살았던 공룡

일반적으로 우리가 박물관에서 볼 수 있는 화석은 한 마리씩 복원한 거죠. 그렇다면 공룡은 어떻게 살았을까요? 호랑이처럼 혼자서 살았을까요? 아니면 사바나에 사는 얼룩말처럼 무리 지어 살았을까요?

하드로사우루스류인 마이아사우라의 둥지는 미국 몬태나주의 한 장소에서 대량으로 발견되었습니다. 아마도 무리를 지어 새끼를 키웠던 주거지였던 것으로 추측합니다. 또한, 미국 알래스카주에서도 하드로사우루스의 집단 화석을 다수 발견했습니다. 이렇게 집단 화석을 발견한 예는 이외에도 많습니다만, 특히 초식 공룡은 무리로 행동하면서 육식 공룡으로부터 새끼를 지켰을 것입니다.

무리로 이동하는 이구아노돈

하드로사우루스류는 남북미, 아시아, 유럽에서 남극까지 광범위한 지역에서 발견되고 있습니다. 또한, 한 곳에서 수백 마리의 화석이 발견된 적도 있습니다.

하드로사우루스류 ②

크리토사우루스
캐나다, 미국, 아르헨티나

그리포사우루스
미국

일본

조반류 • 조각하목

크리토사우루스 10m
Kritosaurus 분리된 도마뱀 초식
코 위에 뼈가 높게 솟아 있으며, 머리 정수리가 평평합니다. 북미에서 남미로 이동한 조각류입니다.

서식 기간 | 트라이아스기 | 쥐라기 | 백악기

초식 공룡 육식 공룡

그리포사우루스 9m
Gryposaurus 갈고리코 도마뱀 초식
거의 완전한 골격을 발견하여 가장 연구가 활발히 진행된 하드로사우루스류입니다. 콧등 위가 높이 솟아 있는 것이 특징입니다.

하드로사우루스류 ③

조반류 • 조각하목

어거스티놀로푸스 8m 2014년 발표
Augustynolophus 어거스틴(사람 이름)의 볏 초식

1939년에 발견했을 당시엔 사우롤로푸스로 생각했으나, 골격을 재조사한 결과 머리 부분의 볏이 사우롤로푸스와 달라 새로운 공룡임을 알았습니다. 백악기 후기 북미에는 다양한 공룡이 살았습니다.

서식 기간 | 트라이아스기 | 쥐라기 | 백악기

사우롤로푸스 9~12m
Saurolophus 볏이 있는 도마뱀 초식

아시아와 북미에서 화석을 발견했습니다. 베링 해협이 아직 육지였을 때, 아시아에서 북미로 건너온 것으로 보입니다.

서식 기간 | 트라이아스기 | 쥐라기 | 백악기

프로사우롤로푸스 8~9m
Prosaurolophus 원시 사우롤로푸스 초식

사우롤로푸스보다 그리포사우루스에 가까운 공룡입니다. 긴 얼굴에 넓은 부리, 콧등에서 머리에 걸쳐 넓적한 구둣주걱 같은 볏이 달렸습니다.

서식 기간 | 트라이아스기 | 쥐라기 | 백악기

에드몬토사우루스 13m
Edmontosaurus 에드몬톤(캐나다 지명)의 도마뱀 초식

대형이며 주둥이 끝 폭이 넓고 위아래 턱 안쪽에 작은 이빨이 나 있어, 강철 연장처럼 식물을 갈아 먹을 수 있었습니다. 예비 이빨까지 합하면 무려 2,000개가 넘는 이빨이 있었습니다.

서식 기간 | 트라이아스기 | 쥐라기 | 백악기

초식 공룡 육식 공룡

약 12cm 정도 되는 하드로사우루스 새끼의 넓적다리뼈는 몇 년만 지나도 약 1.2m까지 자라납니다.

 고바야시 박사의 그렇구나! 칼럼

공룡의 성장 속도

온순한 성격으로 유명한 초식 공룡 하드로사우루스류는 티라노사우루스 같은 육식 공룡보다 속도가 빨랐으며 몸집도 더 컸음을 다양한 화석의 다리뼈를 조사한 결과 알 수 있었습니다. 새끼 공룡 때는 하드로사우루스와 티라노사우루스의 몸집이 비슷합니다. 5살이 되면 하드로사우루스는 황소만큼 자라지만, 티라노사우루스는 대형 견 정도밖에 자라지 않습니다. 육식 공룡에게 몸을 지킬 만한 뿔이나 갑옷 같은 무기가 없는 하드로사우루스는 아기 시절부터 몸집을 키워 육식 공룡이 함부로 덤비지 못하게 한 셈입니다.

 **에드몬토사우루스의 피부 화석**

공룡의 피부 형태를 알 수 있는 화석은 전 세계에 십여 개밖에 없습니다. 화석으로 몸이 비늘 같은 것으로 뒤덮여 있었음을 알 수 있습니다. 2006년에는 일본에서 처음으로 공룡의 피부로 보이는 화석을 발견했습니다. 이구아노돈 같은 조각류의 일종으로 보고 있습니다.

에드몬토사우루스
사우롤로푸스
어거스티놀로푸스
프로사우롤로푸스

크기 체크

하드로사우루스류 ④

조반류 • 조각하목

마이아사우라
미국

마이아사우라 9m
Maiasaura 좋은 엄마 도마뱀   초식

자식을 키우는 공룡으로 유명합니다. 알과 새끼가 있던 둥지를 발견해 무리로 둥지를 만들고 새끼를 지키며 키웠음을 알 수 있었습니다. 계절에 따라 떼를 지어 이동한 것으로 추측합니다.

서식 기간: 트라이아스기 | 쥐라기 | 백악기

고바야시 박사의 그렁구네 칼럼

무리로 둥지를 만들고 새끼를 키우다

마이아사우라류는 무리로 둥지를 만들고 부화한 새끼를 키운 것으로 잘 알려졌지요.
어미는 부드러운 흙과 모래를 높게 쌓아 올린 뒤 그 속에 구덩이를 얕게 판 다음, 각각의 둥지에 수십 개의 알을 낳았습니다. 둥지와 둥지 사이는 어미 공룡의 몸집만큼 떨어져 있었습니다. 알 위에 풀이나 나뭇잎 등을 덮어 알을 따뜻하게 한 것으로 보입니다.
부화한 새끼들은 둥지 속, 혹은 그 근처에 머물렀고 부모는 새끼들을 돌보았습니다. 새끼들은 8~9개월까지 둥지에서 살았던 것으로 추측합니다.
한편, 발견한 화석 속 새끼 공룡들이 아직 부화하기 전 모습이라는 의견도 있습니다.

90   초식 공룡   육식 공룡

람베오사우루스류 ①

🔶 **고바야시 박사의 포인트!**

람베오사우루스류는 머리 위에 볏이 있었어. 다양한 모양의 볏으로 동료를 구분했을 거야!

람베오사우루스 15m
Lambeosaurus 람베(사람 이름)의 도마뱀 초식

머리에 달린 볏이 눈에 띕니다. 볏은 성장하면서 점점 커집니다. 성별에 따라 볏이 다른 것으로 추측하지만, 종류에 따라 다르다는 설도 있습니다. 등은 높이 솟아올라 있습니다. 캐나다의 고생물학자인 로렌스 모리스 람베를 기려 이름을 붙였습니다.

서식 기간 | 트라이아스기 | 쥐라기 | 백악기

니폰노사우루스 4m
Nipponosaurus 일본 도마뱀 초식

1934년, 당시 일본의 영토였던 사할린에서 발견했습니다. 최근 연구로 당시 발견한 화석이 새끼 공룡의 것이며, 람베오사우루스류 중에서도 히파크로사우루스에 가까운 공룡임을 알았습니다.

서식 기간 | 트라이아스기 | 쥐라기 | 백악기

조반류 • 조각하목

초식 공룡 육식 공룡

파라사우롤로푸스 11m

Parasaurolophus 사우롤로푸스를 닮은 도마뱀 초식

머리에는 뒤로 뻗은 긴 볏이 있습니다. 길이가 1m 이상 됩니다. 볏 속은 콧구멍과 연결되어 마치 관처럼 되어 있습니다. 앞다리는 짧고 탄탄하며, 어깨뼈는 크고 막하고 튼튼했습니다.

크기 체크

고바야시 박사의 그렇구나! 칼럼

대화했던 공룡 (데이비드 에반스 박사)

람베오사우루스류는 머리 위에 신기한 돌기가 있었습니다. 과연 어떤 역할을 했던 걸까요?

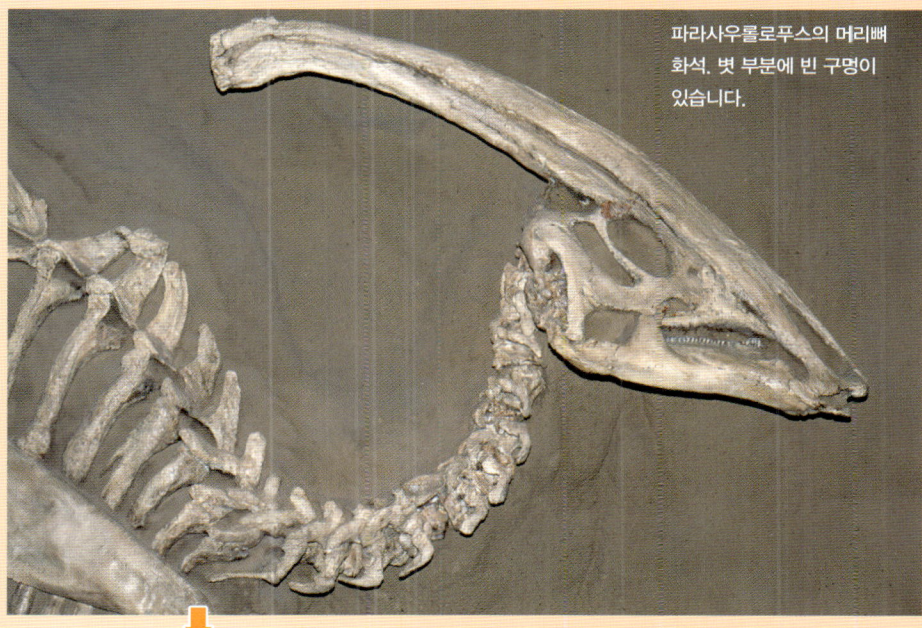

파라사우롤로푸스의 머리뼈 화석. 볏 부분에 빈 구멍이 있습니다.

백악기 후기에 번성했던 초식 공룡인 람베오사우루스류는 머리에 다양한 모양의 볏을 가지고 있었습니다. 코리토사우루스와 히파크로사우루스의 볏은 헬멧과 비슷한 모양이며, 람베오사우루스의 볏은 도끼 같은 모양입니다. 파라사우롤로푸스는 1m 길이의 막대기 모양의 볏이 뒤로 뻗어 나와 있습니다. 볏은 어떤 역할을 했을까요? 20세기 초에 이 공룡을 발견한 이래 계속된 궁금증이었습니다.

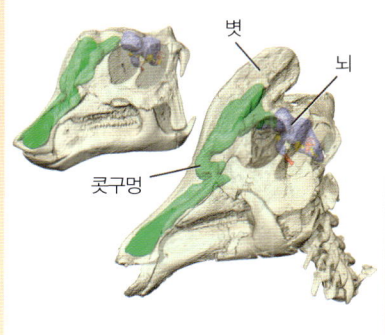

볏 뇌 콧구멍

처음엔 단순한 장식물이라고 생각했지만, 볏에는 신기하게도 빈 통로가 있었습니다. 과학자들은 코로 들이쉰 숨이 볏 안으로 들어간다는 것을 알아냈습니다. '냄새를 더 잘 맡을 수 있었다.', '체온을 조절했다.', '소리를 냈다!' 등 다양한 추측이 있었지만, CT 스캔으로 볏과 뇌 안쪽을 살핀 결과 람베오사우루스류는 후각이 예민하지 않아도 청각은 뛰어났다는 사실을 알았습니다.
또한, 현재 컴퓨터로 람베오사우루스류인 파라사우롤로푸스의 울음소리를 재현하는 연구도 하고 있습니다. 이들은 울음소리와 저주파로 동료끼리 대화를 나눈 사회적인 생물이었을지도 모릅니다.

람베오사우루스류의 새끼에게는 볏이 없었습니다. 성장하면서 볏이 발달한 셈이지요.

람베오사우루스류 ②

아무로사우루스 — 러시아
코리토사우루스 — 캐나다, 미국
히파크로사우루스 — 캐나다, 미국

아무로사우루스 6m
Amurosaurus 아무르주(러시아의 주)의 도마뱀 초식

람베오사우루스류 중에서도 원시적인 공룡입니다. 아시아에 살았던 아무로사우루스 등이 당시 육지였던 베링 해협을 통해 북미로 건너간 뒤, 파라사우롤로푸스나 코리토사우루스로 진화한 것으로 보고 있습니다.

서식 기간 | 트라이아스기 | 쥐라기 | 백악기

히파크로사우루스 9m
Hypacrosaurus 가장 큰 도마뱀 초식

볏의 모양은 코리토사우루스와 비슷하지만, 크기는 더 작았습니다. 등은 다른 람베오사우루스류보다 더 높게 솟아 있었습니다.

서식 기간 | 트라이아스기 | 쥐라기 | 백악기

코리토사우루스의 머리뼈 화석
성장하면서 머리뼈도 점점 커졌습니다.

코리토사우루스 10m
Corythosaurus 헬멧 도마뱀 초식
헬멧처럼 생긴 관원형의 볏이 특징입니다. 내부는 비어 있으며 콧구멍과 이어져 있었습니다. 암컷의 볏은 수컷보다 작았을 것으로 추측합니다.

서식 기간 | 트라이아스기 | 쥐라기 | 백악기

크기 체크
코리토사우루스 / 아무로사우루스
히파크로사우루스

람베오사우루스류 ③

카로노사우루스 13m
Charonosaurus 카론(그리스 신화 속 저승의 신)의 도마뱀 초식

아시아에서 발견한 거대 공룡입니다. 파라사우롤로푸스와 매우 흡사한 머리뼈 모양을 지녔으며 뒤로 더 길게 쭉 뻗은 볏이 나 있습니다. 강 근처에서 대형 무리를 이루며 살았던 것으로 보입니다.

친타오사우루스 10m
Tsintaosaurus 칭다오(중국 지명)의 도마뱀 초식

이마에 뿔처럼 생긴 볏이 앞으로 튀어나와 있습니다. 과거에는 볏의 유무를 알 수 없었지만, 훗날 뼈가 있는 화석을 발견했습니다.

아랄로사우루스 6~8m
Aralosaurus 아랄해의 도마뱀 초식

머리뼈만 발견했습니다. 콧등에는 독특한 모양의 뼈로 된 혹이 나 있습니다. 머리 뒤쪽은 폭이 넓으며 단단한 턱을 지녔습니다.

아레니사우루스 5~6m
Arenysaurus 아렌(발견한 장소)의 도마뱀 초식

유럽에서 발견된 최초의 람베오사우루스류로 머리뼈 일부만 발견한 상태입니다. 백악기 후기까지 살아남았습니다.

마그나폴리아 12.5m 2012년 발표
Magnapaulia 넓적한 꼬리 초식

머리뼈에서 쭉 빠져나온 볏이 특징인 공룡입니다. 1923년에 발견했지만, 최근에서야 새로운 공룡임을 알았습니다.

습지 속의 올로로티탄

하드로사우루스류와 람베오사우루스류는 습지를 좋아한 것으로 보입니다. 실제로 습지에서 서식하고, 삼림이나 높은 지대 등 여러 환경에서 살았던 것으로 추측하고 있습니다.

화석을 발견하기까지

예를 들어 백악기에 죽은 공룡의 뼈는 어떻게 화석이 됐을까요? 또한, 그 화석을 어떻게 발견했을까요? 공룡이 죽은 뒤로 화석을 발견하기까지의 과정을 살펴봅시다.

❶ 살아 있을 때 공룡
7,000만 년 전, 티라노사우루스 한 마리가 강에서 물을 마시고 있습니다. 강가에는 소철과 양치식물 등 식물이 많이 자라고 있지요.

❷ 뼈만 남은 공룡
티라노사우루스가 죽으면, 육식 동물이 살점을 뜯어 먹습니다. 바싹 마른 강 밑바닥에서 모래가 뼈를 뒤덮습니다.

❸ 지하에 묻히다
티라노사우루스 머리뼈가 모래와 진흙 밑에 묻혀 있습니다. 뿔뿔이 흩어진 다른 뼈는 머리뼈 주위에 있다가 전부 사라지고 맙니다.

 **화석을 암석에서 캐다**

후쿠이 현립 공룡 박물관의 크리닝실에서 공룡 화석을 암석에서 캐내는 작업을 견학할 수 있습니다. 이곳에서는 거대한 바위에서 화석을 캐거나 화석 표면에 붙은 돌을 제거합니다.

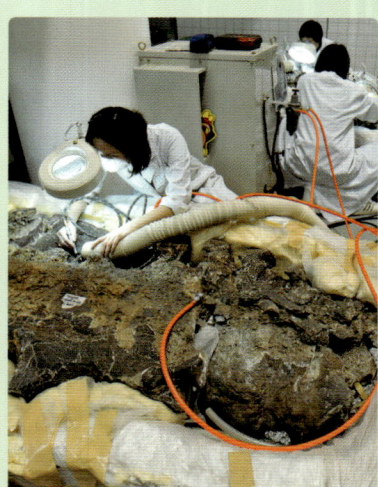

암석에서 화석을 캐는 작업 / 마지막 작업

 **똥도 화석이 되다**

공룡의 똥도 화석으로 남았습니다. 작은 뼈가 포함된 40cm가 넘는 화석이 발견되었는데, 티라노사우루스의 것으로 추측하고 있습니다. 하지만 똥 화석을 발견해도 어떤 공룡의 똥인지 알아내는 건 어렵습니다. 똥을 눈 공룡이 누구인지 알면 그 공룡이 무엇을 먹었는지 정확히 알 수 있겠지요.

공룡의 똥 화석

줌업 발자국이 화석이 되는 방식

공룡이 땅 위를 밟으면 공룡의 발이 움푹 들어갑니다. 그곳에 진흙이나 모래가 흘러들어 가면 발 모양이 그대로 남습니다. 그것이 바로 화석으로 남습니다. 발자국으로 두 발로 걸었는지, 아니면 네 발로 걸었는지를 알 수 있으며 보폭으로 걷는 속도나 몸집 등 다양한 정보를 알 수 있습니다.

❹ 돌 같은 화석
티라노사우루스가 죽고 2,000만 년이 지났습니다. 육지에서는 공룡 대신 포유류가 번성했습니다. 옛날 강 밑에 있던 진흙과 모래는 천천히 바위로 변하고 묻혀 있던 머리뼈도 단단한 화석이 됩니다.

공룡 발자국 화석

❺ 조산 운동
빙하기였던 15,000년 전에 육지는 꽁꽁 얼어붙었습니다. 이때 발생한 조산 운동으로 지면이 움직여 산이 생겼고 화석을 포함한 암석 지층도 밀려 올라옵니다.

❻ 화석이 모습을 드러내다
화석이 있는 지층이 해면보다 더 높이 올라오면 강이 생기는데, 강을 흐르는 물이 지면을 깎기 시작합니다. 비나 바람도 암석 지층을 깎습니다. 이런 과정을 거치면서 화석이 된 티라노사우루스의 머리뼈가 모습을 드러내 사람들에게 발견되었습니다.

99

일본에서 발견한 공룡들

중생대에 번영했던 공룡은 전 세계에서 화석이 발견되고 있습니다. 중생대 시기의 일본은 바다에 잠겼던 부분이 많아 지금과는 전혀 다른 환경이었지만, 전국 각지에서 공룡 화석이 나오는 중입니다. 연구 결과 새로운 공룡으로 발표된 화석도 있습니다.

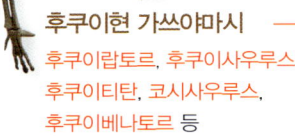

후쿠이사우루스의 전신 골격

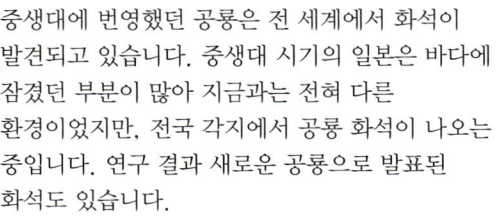

후쿠이랍토르의 전신 골격

후쿠이현 가쓰야마시
후쿠이랍토르, 후쿠이사우루스, 후쿠이티탄, 코시사우루스, 후쿠이베나토르 등

후쿠이현 오노시, 후쿠이시
티라노사우루스류(이빨) 등

효고현 사사야마시, 단바시
탐바티타니스, 각룡류(위턱과 이빨), 티라노사우루스류(이빨) 등

효고현 스모토시
람베오사우루스류(목뼈와 이빨) 등

야마구치현 시모노세키시
수각류(발자국) 등.

나가사키현 나가사키시
하드로사우루스류, 대형 티라노사우루스과(이빨) 등

후쿠오카현 미야와카시, 기타큐슈시
수각류(이빨) 등

구마모토현 아마쿠사시
수각류(이빨), 이구아노돈류(이빨)

구마모토현 미후네정

가고시마현 사쓰마센다이시
용각류(이빨), 이구아노돈류(이빨), 각룡류(이빨), 수각류(이빨)

중학생이 발견하다! 티라노사우루스의 이빨
2009년 9월 가고시마현의 시모코시키섬에서 열린 발굴 체험회에서 한 중학생이 육식 공룡의 뼈 화석을 발견했습니다. 아마도 티라노사우루스류의 이빨일 것으로 추측합니다.

티라노사우루스류의 이빨

도쿠시마현 가쓰우라정
이구아노돈류(이빨)

와카야마현 유아사정
수각류(이빨)

미에현 토바시
티타노사우루스류(뒷다리) 등

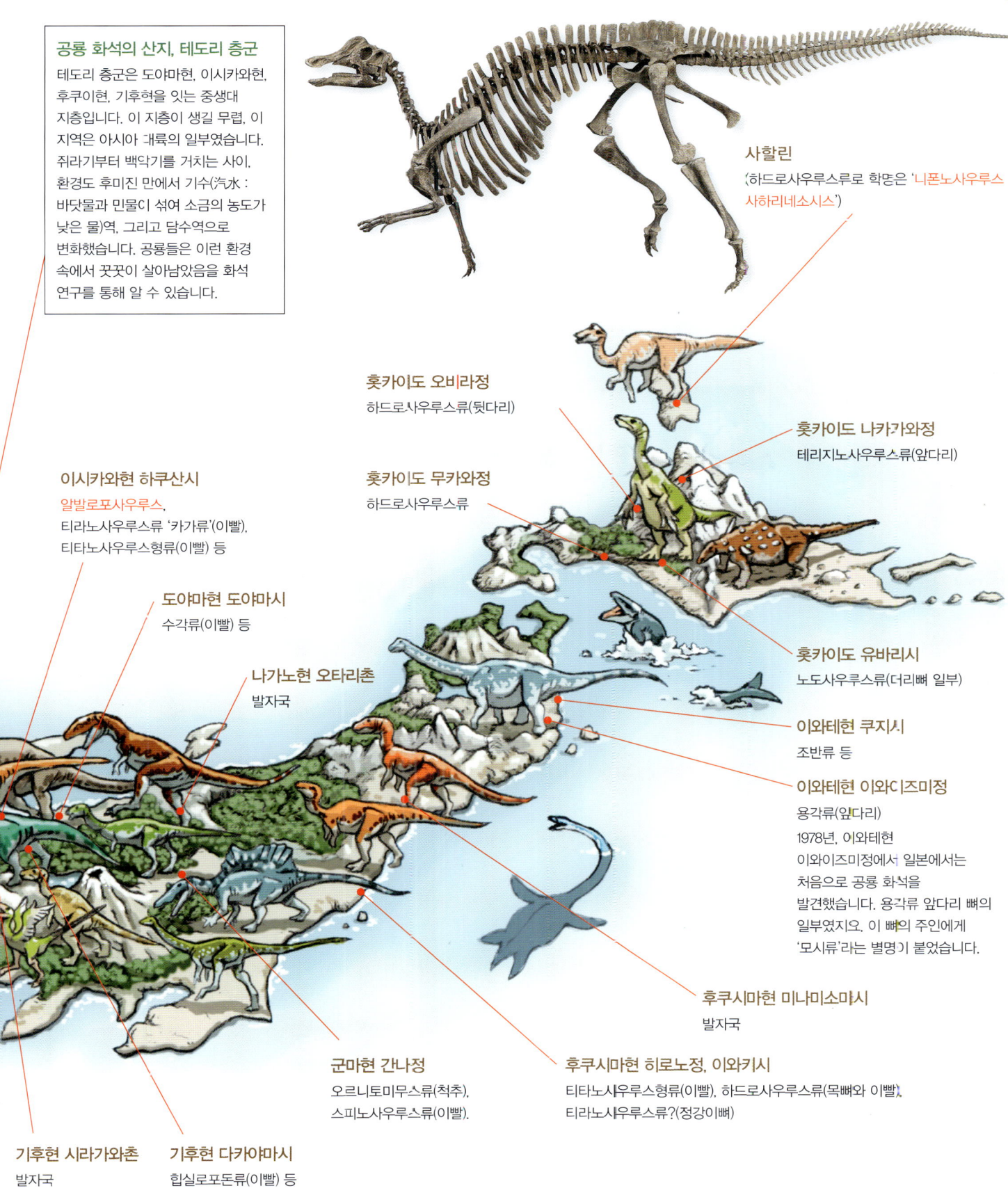

테도리 층군의 공룡들

일본에서도 공룡 화석은 많이 발견되고 있습니다. 그중에서도 도야마현, 후쿠이현, 이시카와현, 기후현을 잇는 테도리 층군이라 불리는 지층에서 쥐라기부터 백악기에 걸쳐 다양한 공룡과 동식물 화석이 발견되고 있습니다. 현재, 일본에서 발견한 새로운 종류의 공룡은 7종이지만, 그중 5종이 테도리 층군에서 발굴한 것입니다. 백악기 테도리 층군은 공룡의 낙원 같은 곳이었는지도 모릅니다.

◀후쿠이티탄
용각류→P.132

▼후쿠이랍토르
수각류→P.176

▶코시사우루스
조각류→P.83

◀후쿠이베나토르
수각류→P.164

▼후쿠이사우루스
조각류→P.83

▲알발로포사우루스
원시적인 조반류→P.31

용반류

공룡은 진화 초기 단계에서 조반류와 용반류라는 두 개의 거대한 그룹으로 나뉘었습니다. 용반류는 초식성에 몸집이 크고 목이 긴 용각형류와 주로 육식성으로 두 발로 걸어 다닌 수각류로 나눌 수 있습니다. 수각류에는 깃털이 난 깃털 공룡 그룹도 나타났으며, 그중 일부가 조류로 진화했습니다.

원시적인 용각형류 ①

용반류 ● 원시적인 용각형류

테코돈토사우루스 영국
안키사우루스 미국
레셈사우루스 아르헨티나
리오자사우루스 아르헨티나
에오랍토르 아르헨티나
판파기아 아르헨티나

🔶 고바야시 박사의 포인트!

원시적인 용각형류 공룡들은 트라이아스기 후기부터 쥐라기 전기까지 전 세계에서 폭넓게 번성한 초식 공룡이야. 앞발의 엄지발가락에는 반달 모양의 거대한 발톱이 나 있었어.

에오랍토르 1m
Eoraptor 새벽의 약탈자 초식, 육식 🌿🐾

앞발 안쪽에 있는 세 개의 발가락에는 커다란 발톱이 나 있습니다. 육식임을 알리는 날카로운 이빨과 초식임을 알리는 나뭇잎 모양의 이빨이 모두 있는 것으로 보아 상당히 원시적인 단계의 공룡으로 추측했지만, 최근에 용각형류로 분류했습니다.

서식 기간 트라이아스기 쥐라기 백악기

판파기아 0.7~1.3m
Panphagia 무엇이든 먹어 치우는 공룡 초식, 육식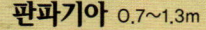

초기 용각형류에 속하는 공룡입니다. 나뭇잎 모양의 이빨과 날카로운 나이프 형태의 이빨이 모두 있는 것으로 보아, 무엇이든 먹을 수 있었던 것으로 보입니다. 원시적인 용각형류이지만, 잡식 공룡이 존재했음을 알려 주는 중요한 공룡입니다.

서식 기간 트라이아스기 쥐라기 백악기

에오랍토르의 머리뼈 화석

아르헨티나에 있는 '달의 계곡'에서 발견된 에오랍토르의 머리뼈 화석을 클리닝하는 장면입니다. 육식 공룡이지만, 체중은 10kg밖에 나가지 않았습니다.

🌿 초식 공룡 🐾 육식 공룡

레셈사우루스 18m
Lessemsaurus 레셈의 도마뱀 초식

지금까지 등뼈만 발견되었습니다. 등뼈에 긴 돌기가 나 있으며 등은 위로 솟아 있었습니다. 수많은 공룡 책을 쓴 과학 전문 집필가인 돈 레셈을 기리며 그의 이름을 따 학명을 지었습니다.

서식 기간: 트라이아스기 / 쥐라기 / 백악기

안키사우루스 2.5~4m
Anchisaurus 도마뱀과 비슷한 존재 초식

몸집이 작고 가벼운, 다소 원시적인 용각형류 중 하나입니다. 지면에 가까이 난 식물을 먹으며, 두 발로도, 네 발로도 걸을 수 있었습니다. 발이 느린 편이라 천적을 만나도 도망칠 수가 없어 앞발에 난 발톱을 무기 삼아 대항했습니다. 발자국 화석도 발견되었습니다.

서식 기간: 트라이아스기 / 쥐라기 / 백악기

테코돈토사우루스 1~2.5m
Thecodontosaurus 소켓 이빨을 가진 도마뱀 초식

최초로 발견한 트라이아스기의 공룡이며, 원시적인 용각형류 중 하나입니다. 하지만 발견한 뒤로도 한참 동안 공룡이 아닌 파충류의 일종이라고 생각했습니다.

서식 기간: 트라이아스기 / 쥐라기 / 백악기

리오자사우루스 11m
Riojasaurus 리오하(아르헨티나의 지명)의 도마뱀 초식

스무 마리 이상의 뼈가 발견되었습니다. 머리뼈가 작고 등뼈는 비어 있어 몸길이와 비교하면 가벼웠을 것으로 보입니다. 앞발이 길면서도 탄탄하여 주로 네 발로 걸어 다녔습니다.

서식 기간: 트라이아스기 / 쥐라기 / 백악기

크기 체크
테코돈토사우루스 / 안키사우루스 / 판파기아 / 에오랍토르

👆 에오랍토르 화석은 2억 3천만 년 전 지층에서 발견되었습니다. 같은 지층에서 헤레라사우루스, 판파기아 등도 발견되었습니다.

원시적인 용각형류②

용반류 ● 원시적인 용각형류

플라테오사우루스
독일, 스위스, 프랑스
그린랜드

윈나노사우루스
중국

루펜고사우루스
중국

🌿 초식 공룡　🦖 육식 공룡

윈나노사우루스 7~13m
Yunnanosaurus 윈난(중국의 지명)의 도마뱀 초식

턱의 가운데에 볼록한 숟가락 모양의 이빨이 60개 이상 나 있었습니다. 이런 모양의 이빨은 삐쭉삐쭉한 원시적인 이빨을 지닌 용각형류에서는 드물며, 용각류에 가까운 모습입니다.

루펜고사우루스 6m
Lufengosaurus 루펜(중국 지명)의 도마뱀 초식

플라테오사우루스와 비슷한 체형입니다. 턱에는 작은 이빨이 빼곡이 나 있습니다. 골격과 위석이 발견된 것으로 보아, 작은 이빨로 짓이긴 식물을 위석으로 완벽히 소화했음을 알 수 있습니다.

플라테오사우루스 4.8~10m
Plateosaurus 평평한 도마뱀 초식

유럽에서만 50곳이 넘는 지역에서 수많은 화석이 집중적으로 발견되었습니다. 이 점으로 미루어 보아 거대한 무리를 이루어 살았을 걸로 추측하고 있습니다. 적을 만나면 뒷발로 몸을 일으킨 뒤 앞발 엄지발가락 발톱으로 싸웠을 가능성이 있습니다.

플라테오사우루스의 전신 골격

용각류는 목이 길어서 각각 다른 높이에 있는 식물을 먹을 수 있었습니다.

알의 크기와 성체 몸 크기의 비율로 수컷이 새끼를 키웠는지, 아니면 암컷이 키웠는지를 알 수 있습니다. 마소스폰딜루스의 경우 알이 작아서 암컷이 새끼를 돌보았을 것으로 보입니다.

고바야시 박사의 그렇구나! 칼럼

돌봄 행동

현존하는 조류와 악어류도 알에 부화하는 것을 돕거나 알이 부화한 뒤에 부모가 몇 주 동안 옆에서 지키며 새끼를 돌보아 주는 '돌봄 행동'을 합니다. 공룡도 조류나 악어류와 마찬가지로 지배파충류라는 생물 그룹에 속하기에 수많은 공룡이 알과 새끼를 지키며 돌보아 주었을 가능성이 큽니다. 부모가 돌봐 주기만 해도 알의 부화율이 현저히 높아져서 새끼가 무사히 성장할 가능성이 커집니다.

마소스폰딜루스 4~5m
Massospondylus 튼튼한 척추 초식

새끼 때는 네 발로 걷지만 다 성장하면 두 발로 걸었습니다. 앞니가 발달했으며 딱딱한 식물을 부수어 먹을 수 있도록 모양이 삐쭉삐쭉한 이빨이었습니다. 둥지와 알 화석이 많이 발견되었습니다.

서식 기간	트라이아스기	쥐라기	백악기

마소스폰딜루스의 알은 지름이 약 6cm이었으며 알 속 새끼는 15cm 정도였습니다.

원시적인 용각형류④

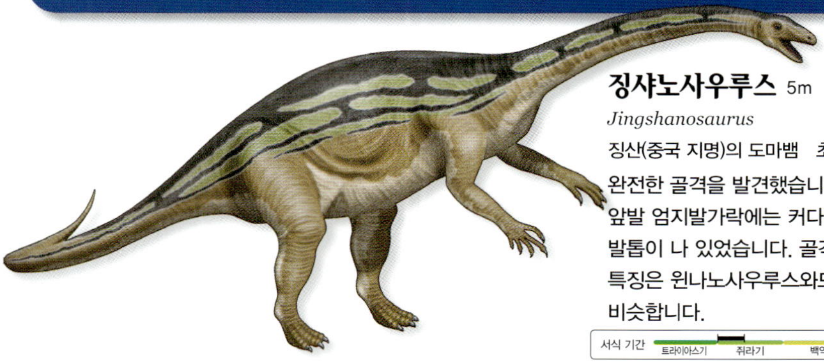

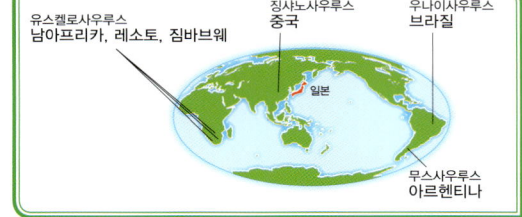

징샤노사우루스 5m

Jingshanosaurus

징산(중국 지명)의 도마뱀 초식

완전한 골격을 발견했습니다. 앞발 엄지발가락에는 커다란 발톱이 나 있었습니다. 골격의 특징은 윈나노사우루스와도 비슷합니다.

서식 기간 트라이아스기 쥐라기 백악기

무스사우루스 3m

Mussaurus 쥐 도마뱀 초식

서식 기간 트라이아스기 쥐라기 백악기

둥지에서 알과 갓 부화한 새끼 화석이 완전한 형태로 발견되었습니다. 가까운 곳에서 성체로 보이는 골격도 발견했지만, 무스사우루스인지 아닌지는 확실하지 않습니다.

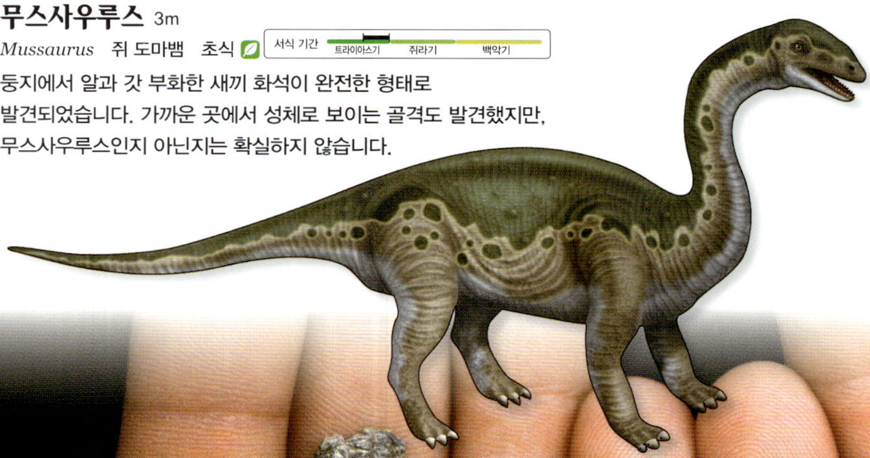

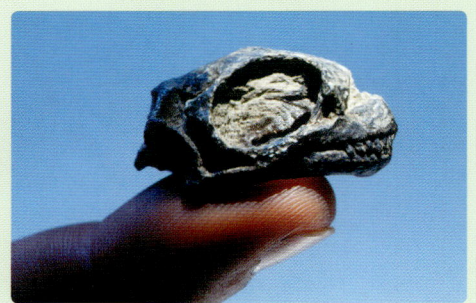

줌-업 무스사우루스의 새끼 머리뼈

매우 진기하게도 무스사우루스의 알 화석과 함께 새끼 화석을 발견했습니다. 다 자라면 약 2~3m나 되는 무스사우루스도 새끼 때는 손바닥에 올려놓을 수 있을 만큼 작은 크기였습니다.

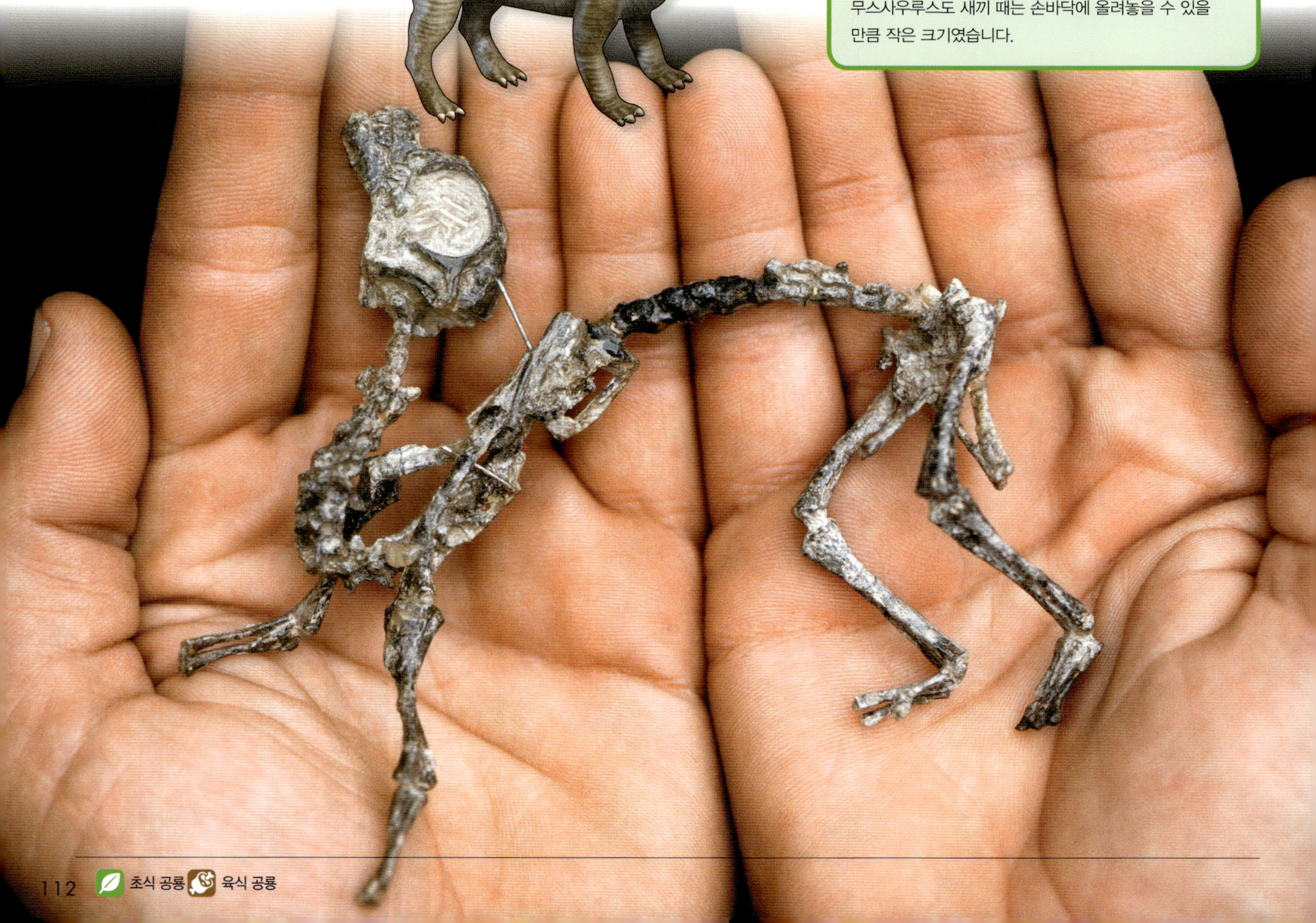

우나이사우루스 2.5m
Unaysaurus 우나이(브라질 지명)의 도마뱀　초식

가장 오래된 공룡 중 하나입니다. 같은 시대 유럽에서 살았던 플라테오사우루스를 닮았습니다. 트라이아스기에는 대륙이 모두 연결되어 있었기에 초기 공룡들은 쉽게 전 세계에 퍼져 살 수 있었습니다.

서식 기간: 트라이아스기 / 쥐라기 / 백악기

크기 체크: 징샤노사우루스, 무스사우루스, 우나이사우루스, 유스켈로사우루스

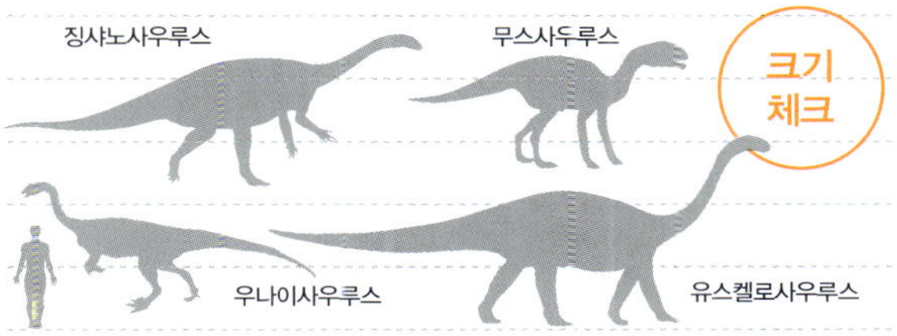

유스켈로사우루스 10m
Euskelosaurus 좋은 발 도마뱀　초식

아프리카에서 최초로 발견한 공룡으로 플라테오사우루스와 가깝습니다. 원시적인 용각형류치고는 몸집이 컸습니다.

서식 기간: 트라이아스기 / 쥐라기 / 백악기

고바야시 박사의 그렇구나! 칼럼

공룡을 잡아먹은 포유류

공룡 시대 포유류 중에서 가장 몸집이 컸던 레페노마무스의 화석을 중국 랴오닝성에서 발견했습니다. 50cm 정도 되는 이 화석에는 놀라운 비밀이 숨어 있었습니다. 레페노마무스 화석 중 위에 해당하는 부분에서 프시타코사우루스 화석을 발견했습니다. 연구에 따르면 레페노마무스 화석이 완전한 데 비해 프시타코사우루스는 불완전한 상태로 일부는 소화까지 된 것으로 보였다고 합니다. 레페노마무스가 프시타코사우루스를 먹은 것으로 추측할 수 있습니다. 이처럼 포유류가 공룡을 먹은 경우도 있었습니다.

레페노마무스 화석

프시타코사우루스 새끼를 먹었던 레페노마무스

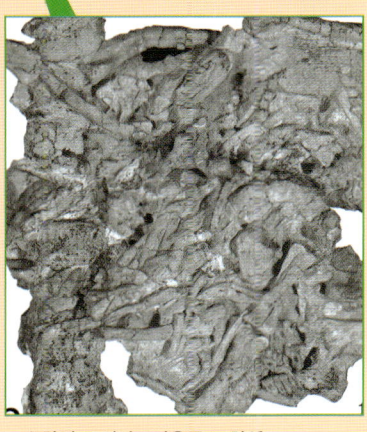
▲소화된 프시타코사우루스 화석

원시적인 용각형류는 두 발로도, 네 발로도 걸을 수 있었습니다. 일어서서 높은 곳에 있는 잎을 먹는 것도 가능했습니다.

원시적인 용각류 ①

🔸 **고바야시 박사의 포인트!**

용각류는 몸집이 크고 네 발로 몸을 확실히 받치면서 걸었어. 목이 길어서 높은 곳에 있는 잎도 먹을 수 있었고, 커다란 몸은 육식 공룡에게서 몸을 지키는 데 도움이 됐지. 쥐라기 후기에는 목이 가장 긴 마멘키사우루스도 등장했어.

지도: 코타사우루스 인도 / 이사노사우루스 태국 / 바라파사우루스 인도 / 투리아사우루스 스페인 / 불카노돈 짐바브웨

이사노사우루스 12~15m
Isanosaurus 이산(태국의 지명)의 도마뱀　초식

뼈 일부를 발견했는데 새끼 공룡의 것으로 보고 있습니다. 65cm 길이의 쭉 뻗은 넓적다리뼈는 네 발로 걷기에 적당했습니다. 그 뒤 성체 화석을 발견하여 트라이아스기부터 이미 용각류가 존재했음을 알 수 있었습니다.

서식 기간: 트라이아스기 / 쥐라기 / 백악기

불카노돈 6.5m
Vulcanodon 화산의 이빨　초식

화석과 함께 나이프처럼 생긴 이빨을 발견하여 원시적인 용각형류로 생각했으나, 나중에 이 이빨이 불카노돈을 잡아먹은 육식 공룡의 것임을 알았습니다. 원기둥 같은 네 개의 발이 특징이라 원시적인 용각류로 보고 있습니다.

서식 기간: 트라이아스기 / 쥐라기 / 백악기

코타사우루스 9m
Kotasaurus 코타층(인도의 지층명)의 도마뱀　초식

목과 다리가 길고, 몸통은 두껍고 튼실했습니다. 다양한 크기의 화석 12개를 강의 사암에서 발견했습니다. 강을 건널 때 물에 빠진 코타사우루스 무리의 화석이라고 봅니다.

서식 기간: 트라이아스기 / 쥐라기 / 백악기

 초식 공룡　육식 공룡

투리아사우루스 30m
Turiasaurus 테루엘(스페인 지명)의 도마뱀 초식

스페인 아라곤 지방 티루엘주에서 발견한 유럽 최대 크기의 공룡입니다. 원시적인 용각류 중에서도 최대급으로, 위팔뼈가 1.8m, 넓적다리뼈는 2.2m 이상이었습니다.

고바야시 박사의 그렁구니 칼럼
거대해지기 시작한 공룡들

에오랍토르와 판파기아처럼 초기 공룡의 몸길이는 약 1m 정도였지만, 대부분이 꼬리로 실제 몸은 닭만 했습니다. 트라이아스기 후기가 되면 레셈사우루스와 플라테오사우루스, 이사노사우루스처럼 대형 초식 공룡이 모습을 드러냅니다. 공룡의 몸집이 거대해진 건 트라이아스기 말엽에 이미 시작된 셈입니다.

바라파사우루스 18m
Barapasaurus 거대한 발을 지닌 도마뱀 초식

몸집이 커다랬습니다. 코타사우루스와 같은 지층에서 발견했습니다. 뼈 일부만 발굴한 탓에 상세한 사항은 아직 알려지지 않았습니다.

크기 체크: 이사노사우루스, 불카노돈, 코타사우루스, 바라파사우루스

용각류는 긴 목을 가졌으며, 목뼈에 수많은 구멍이 있어, 겉으로 보이는 덩치만큼 무겁지는 않았습니다.

원시적인 용각류 ②

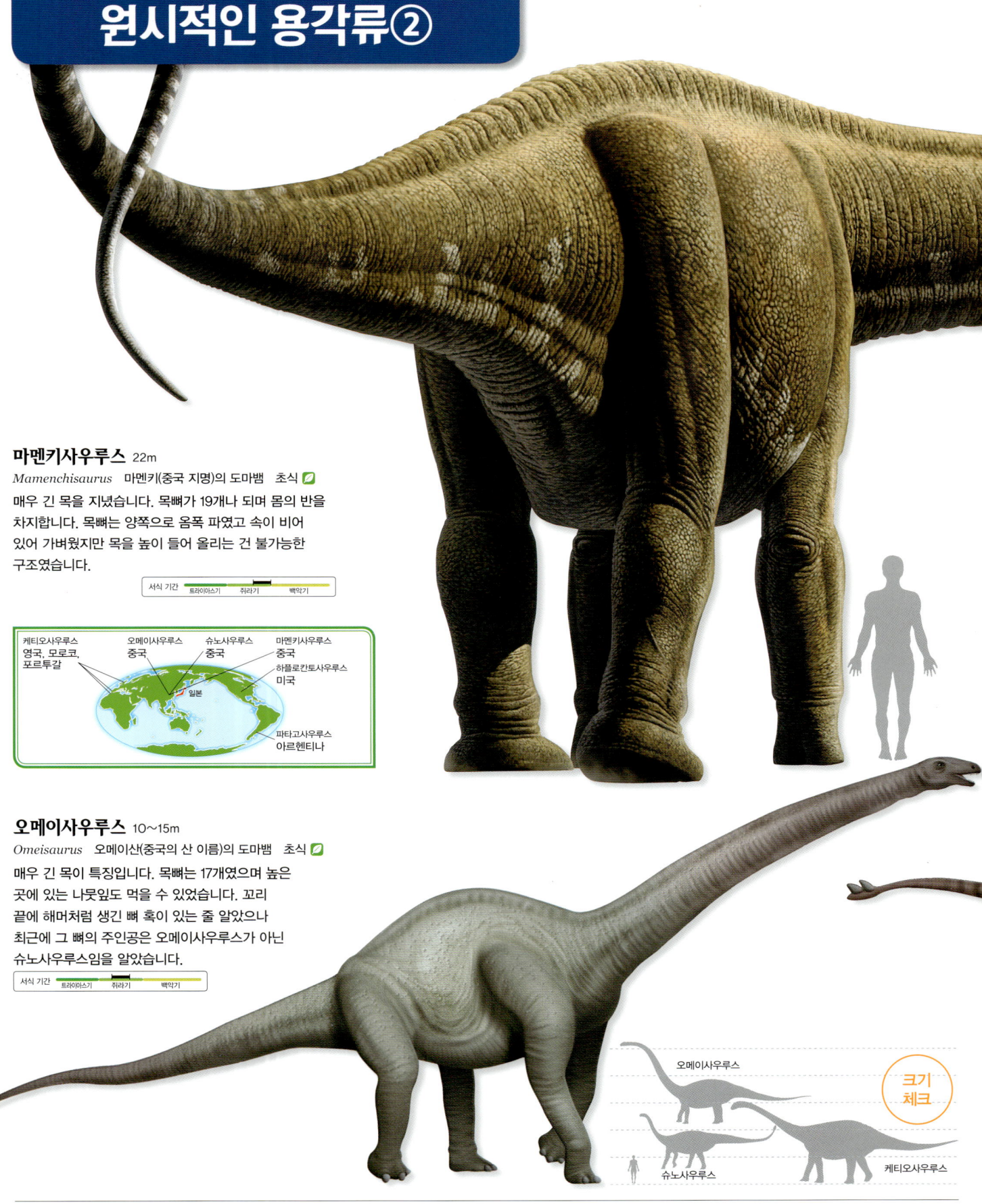

마멘키사우루스 22m

Mamenchisaurus 마멘키(중국 지명)의 도마뱀 초식

매우 긴 목을 지녔습니다. 목뼈가 19개나 되며 몸의 반을 차지합니다. 목뼈는 양쪽으로 옴폭 파였고 속이 비어 있어 가벼웠지만 목을 높이 들어 올리는 건 불가능한 구조였습니다.

오메이사우루스 10~15m

Omeisaurus 오메이산(중국의 산 이름)의 도마뱀 초식

매우 긴 목이 특징입니다. 목뼈는 17개였으며 높은 곳에 있는 나뭇잎도 먹을 수 있었습니다. 꼬리 끝에 해머처럼 생긴 뼈 혹이 있는 줄 알았으나 최근에 그 뼈의 주인공은 오메이사우루스가 아닌 슈노사우루스임을 알았습니다.

디플로도쿠스류 ①

용반류 ● 용각형류

🔶 고바야시 박사의 포인트 ✏️

디플로도쿠스류는 채찍 같은 긴 꼬리를 지닌 거대한 공룡이었어! 연필 모양의 이빨로 나뭇가지에서 잎을 바짝 잡아당겨 씹어 먹었어. 수페르사우루스처럼 최대급 거대 공룡도 있었어.

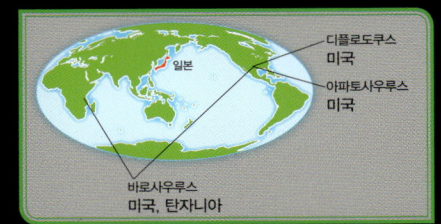

디플로도쿠스의 전신 골격

원래 골격은 미국에서 발견되었지만, 복수의 개체를 발견한 덕에 여러 박물관에 기증할 수 있었습니다. 사진 속 전신 골격은 독일 젠켄베르크 자연사 박물관에서 촬영했습니다.

고바야시 박사의 그렇구나! 칼럼

채찍 같은 기다란 꼬리

여기 전시된 전신 골격의 몸길이는 26.8m나 됩니다. 디플로도쿠스는 전체 몸길이의 반에 달하는 꼬리를 채찍처럼 사용하여 육식 공룡으로부터 몸을 지킨 것으로 보입니다. 꼬리 끝이 1초에 330m의 속도로 천적을 후려쳤을 것이라는 계산도 있습니다.

디플로도쿠스 20~35m
Diplodocus 두 개의 기둥을 가진 공룡 초식

완전한 골격을 발견한 공룡 중에서 몸길이가 최대입니다. 긴 목과 꼬리가 있었습니다. 몸길이와 비교하면 머리가 작고 입안에는 연필 모양의 이빨이 못처럼 나 있었습니다. 나무에서 잎과 과일을 따거나 땅에 있는 부드러운 풀을 뜯어 먹었습니다.

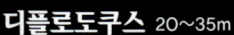
서식 기간: 트라이아스기 / 쥐라기 / 백악기

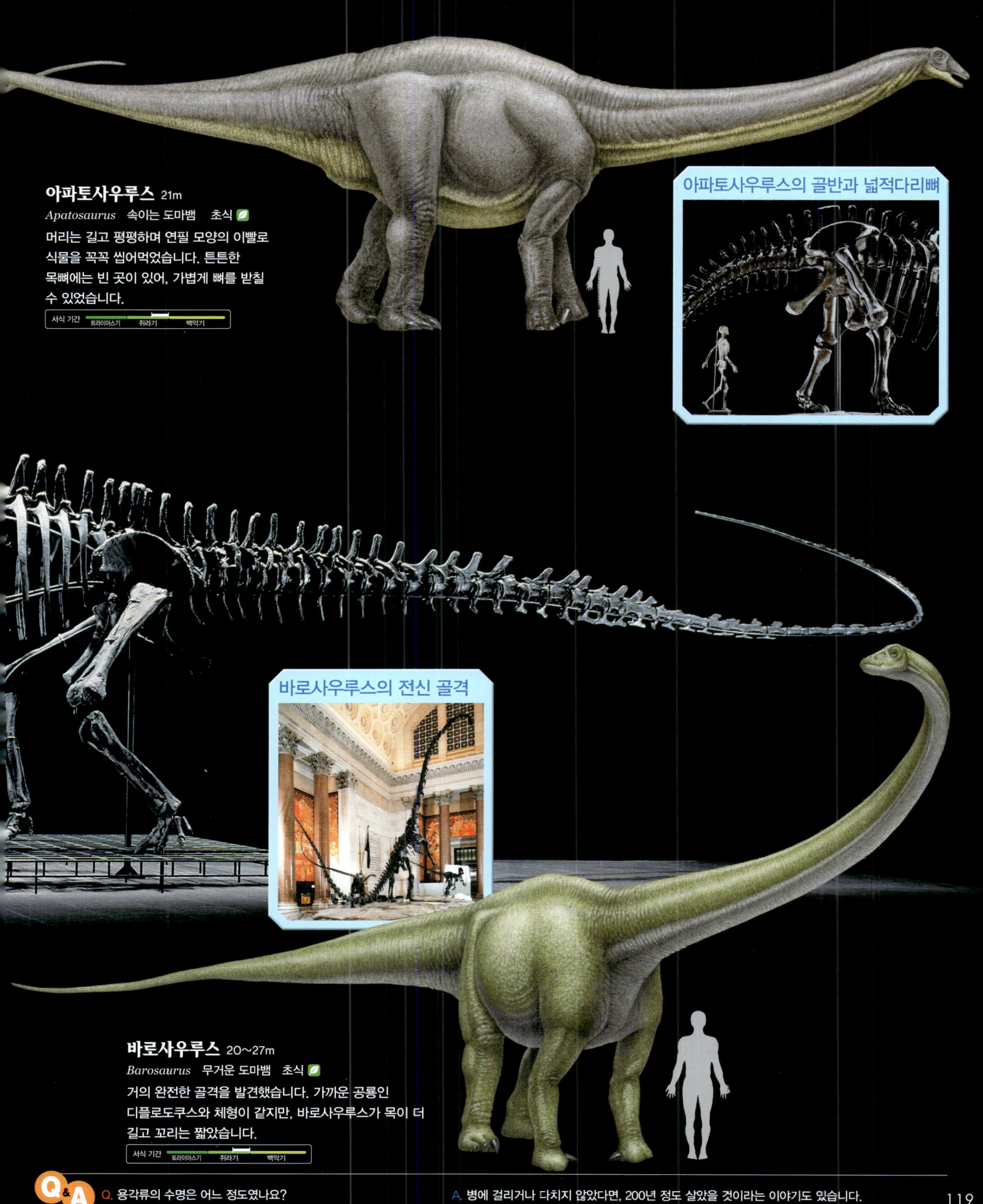

아파토사우루스 21m
Apatosaurus 속이는 도마뱀 초식
머리는 길고 평평하며 연필 모양의 이빨로 식물을 꼭꼭 씹어먹었습니다. 튼튼한 목뼈에는 빈 곳이 있어, 가볍게 뼈를 받칠 수 있었습니다.

아파토사우루스의 골반과 넓적다리뼈

바로사우루스의 전신 골격

바로사우루스 20~27m
Barosaurus 무거운 도마뱀 초식
거의 완전한 골격을 발견했습니다. 가까운 공룡인 디플로도쿠스와 체형이 같지만, 바로사우루스가 목이 더 길고 꼬리는 짧았습니다.

Q. 용각류의 수명은 어느 정도였나요? **A.** 병에 걸리거나 다치지 않았다면, 200년 정도 살았을 것이라는 이야기도 있습니다.

디플로도쿠스류 ②

용반류 ● 용각류

레바키사우루스
모로코, 니제르, 알제리,
튀니지, 아르헨티나

아마르가사우루스
아르헨티나

니제르사우루스
니제르

디크레오사우루스
탄자니아

브라키트라켈로판
아르헨티나

레바키사우루스 20m
Rebbachisaurus 레바키(모로코의 지명)의 도마뱀
초식

등에 길면서도 돛처럼 생긴 돌기가 나 있습니다. 같은 아프리카 대륙에 살던 스피노사우루스도 등에 돛이 있었습니다. 더운 기후에 맞춰 체온을 조절하는 역할을 했을 것입니다.

서식 기간 | 트라이아스기 | 쥐라기 | 백악기

디크레오사우루스 13~20m
Dicraeosaurus 등이 솟은 도마뱀 초식

서식 기간 | 트라이아스기 | 쥐라기 | 백악기

용각류 중에서도 목이 짧습니다. 같은 장소에 살던 목이 긴 브라키오사우루스 등의 초식 공룡과는 각자 입이 닿는 높이의 식물을 사이좋게 나누어 먹었던 것으로 보입니다.

초식 공룡 육식 공룡

브라키트라켈로판 10m
Brachytrachelopan 목이 짧은 목동의 신 초식

용각류에서는 드물게 목이 몸보다 짧은 공룡입니다. 이 시대의 남미에는 초식인 조반류가 비교적 적게 서식했던 덕에 낮게 자란 식물도 쉽게 먹을 수 있어서, 짧은 목으로도 생존할 수 있었습니다.

아마르가사우루스의 전신 골격

크기 체크
아마르가사우루스
레바키사우루스
브라키트라켈로판
디크레오사우루스
니제르사우루스

아마르가사우루스 9m
Amargasaurus 아마르가(아르헨티나의 지명)의 도마뱀 초식

등에 돌기가 나 있습니다. 특히 목 주위는 날카로운 가시 모양이었습니다. 돛으로 체온을 조절하거나 동료를 구분했을 것입니다.

니제르사우루스 9m
Nigersaurus 니제르(나라 이름)의 도마뱀 초식

입 끝이 청소기 흡입구처럼 폭이 넓었으며 작은 이빨들이 일직선으로 나 있었습니다. 게다가 예비 이빨도 500개 이상 있었습니다. 입이 아래로 향해 있어 땅에 난 풀을 먹는 데 적당했습니다.

디크레오사우루스는 등에 돛이 2열로 나 있었습니다.

역사상 최대 크기의 공룡, 수페르사우루스
(켄 카펜터 박사)

수페르사우루스는 전체 몸길이가 30m 이상이나 되는 지구 역사상 가장 큰 공룡입니다. 40명의 어린아이가 손을 잡아도 부족할 만큼 어마어마한 길이입니다. 무게는 코끼리 8마리, 혹은 1,500명의 어린이보다 더 무거웠습니다. 거대한 몸이야말로 육식 공룡에 맞설 수 있는 최대의 방어 무기였습니다. 예를 들어 알로사우루스도 감히 수페르사우루스를 위협할 수 없었습니다. 대형 용각류는 다른 공룡보다 수명이 길어 50년 이상 살았을 것이란 연구 결과도 있습니다. 15살쯤에 20m 정도 자라는데, 그 뒤로는 천천히 성장했습니다.

하지만 몸이 거대한 탓에 문제도 있었습니다. 더운 날에는 몸의 열을 내리지 못해, 체온이 너무 올라간 나머지 죽기도 했습니다. 또한, 걸을 때도 좀처럼 속도를 내지 못했습니다. 평균 속도는 시속 4.5km이며 최대 속도는 약 17km 정도인 것으로 추측합니다. 그렇지만 거대한 몸 덕에 수페르사우루스는 먹을 것이 적은 계절에도 1개월 정도는 먹지 않아도 버틸 수 있었습니다. 거대한 몸에는 그만큼 장점도 많았던 모양입니다.

공룡 연구의 1인자, 켄 카펜터 박사

줌업 용각류의 이빨

용각류 이빨에는 다양한 타입이 있습니다. 모두 식물을 먹는 데 적합했습니다.

아파토사우루스의 이빨
연필 모양의 이빨이 입 앞쪽에만 나 있었습니다. 나뭇가지를 잡아채서 잎을 벗겨 먹었을 것으로 추측합니다.

브라키오사우루스의 이빨
이빨 안쪽이 푹 팬 수저 모양입니다. 나뭇잎을 쪼듯이 먹다가 마지막엔 찢어 먹었을 것으로 추측합니다.

플라테오사우루스의 이빨
이빨은 나뭇잎 모양으로 가장자리가 삐쭉삐쭉해서 식물을 물어서 잘라먹을 수 있었습니다.

수페르사우루스 33m
Supersaurus 특대 도마뱀 초식

거대한 공룡으로 온몸의 반에 해당하는 골격을 발견했습니다. 목 길이는 12m, 하루 식사량은 500kg입니다. 뼈에 있는 빈 공간은 공기주머니였을 가능성이 있으며 그 덕에 거대해졌다는 설도 있습니다.

서식 기간: 트라이아스기 / 쥐라기 / 백악기

수페르사우루스의 전신 골격

고바야시 박사의 그렇구나! 칼럼

공룡의 매단 다리 구조

용각류를 포함한 공룡들은 목은 물론 꼬리도 아래로 늘어뜨리지 않고 허리와 같은 높이에서 들고 다녔습니다. 긴 목과 꼬리를 수평으로 유지하는 데는 힘이 많이 들지만, 공룡은 등뼈를 잇는 고무 같은 강력한 인대로 목과 꼬리를 잡아당겨 올릴 수 있었습니다. 이는 마치 옛 성문 앞에서 다리를 들었다 올렸다 했던 매단 다리 구조와 같습니다. 공룡은 힘을 많이 들이지 않고서도 효과적으로 거대한 몸을 지탱했습니다.

거대한 몸의 비밀

용각류를 비롯한 거대한 공룡들. 그 거대한 몸에는 어떤 비밀이 있었을까요? 그 수수께끼를 파헤쳐 봅시다.

효율적이었던 호흡기 구조

공룡은 우리 인간 같은 포유류보다 효율이 높은 호흡을 했다고 합니다. 공룡은 폐뿐만 아니라 기낭이라는 공기를 담은 주머니도 이용해 숨을 쉬었습니다. 현재 볼 수 있는 조류와 같은 호흡 방법이지요. 이 호흡법을 '공기주머니 시스템'이라고 합니다.

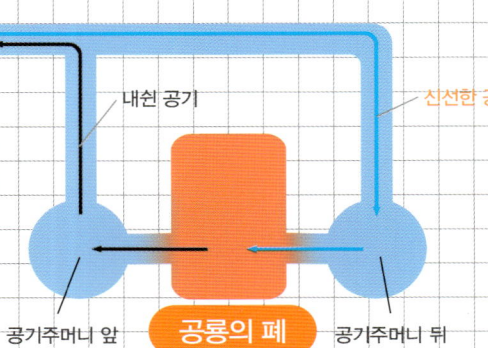

공룡의 폐 — 공기주머니 앞 / 공기주머니 뒤 / 내쉰 공기 / 신선한 공기
공기는 한 방향으로만 흘러 폐에 늘 신선한 공기를 담는다.

인간의 폐 — 내쉰 공기 / 신선한 공기
신선한 공기와 내쉰 공기가 폐에서 뒤섞이기에 효율이 떨어진다.

빈 곳이 있는 뼈

용각류와 수각류는 목과 등뼈에 빈 곳이 있었습니다. 빈 곳을 곁주머니라고 부르며 기낭이라는 얇은 막으로 된 주머니가 들어 있었을 것으로 추측합니다. 그 덕분에 공룡의 목뼈는 크기에 비해 가벼웠을 것으로 보고 있습니다.

가벼웠던 머리

용각류의 이빨 구조는 단순해서 식물을 찢거나 뜯는 것만 할 수 있었습니다. 그래서 턱에도 큰 근육이 없었습니다. 뇌도 작았기에 머리가 가벼워 목을 늘릴 수 있었으며 더 나아가 거대해질 수 있었습니다.

▲디플로도쿠스의 머리

▲트리케라톱스의 머리

크기 비교

25m의 디플로도쿠스는 9m의 트리케라톱스보다 머리가 작고 가벼웠습니다.
※일러스트는 같은 비율로 작게 그렸습니다.

플라테오사우루스를 해부하면?

공룡은 실제로 무게가 얼마나 나갔을까요? 이것을 구체적으로 계산한 연구가 있습니다. 이 연구에서는 630kg의 중형 플라테오사우루스의 장기를 하나하나 계산했습니다. 그 결과 오른쪽 표와 같은 무게가 나왔습니다.

역시 위나 장 같은 소화 기관의 무게가 상당합니다. 21kg의 골격은 몸 전체 무게의 3%밖에 되지 않아, 매우 가벼웠던 것을 알 수 있습니다.

뼈	21 kg
혈액	25 kg
심장	3.4 kg
폐	6.5 kg
간	9.0 kg
비장	2.2 kg
신장	1.7 kg
위오·장 외	167 kg
피부	30 kg
몸통의 근육과 지방	95~106 kg

공룡은 어디까지 커졌을까요?

디플로도쿠스 같은 용각류는 몸집이 점점 커졌지만, 거기에도 한계는 있었습니다. 몸이 커지면서 체중이 늘어나자 체온도 같이 상승했다는 연구 결과가 있습니다. 예를 들어 아파토사우루스는 13톤의 체중에 체온이 42도였으며, 최대급인 사우로포세이돈은 체중이 55톤에 체온은 48도나 나갔다는 계산이 나왔습니다.
하지만 동물은 체온이 45도가 넘어가면 몸을 구성하는 단백질이 녹아 버려 살 수가 없습니다. 아마 사우로포세이돈은 위의 계산보다 체중이 덜 나갔을 것입니다. 몸을 더 키우고 싶어도 45도의 벽에 부딪혀, 그 이상 커지지 못했습니다.

커지면 체온이 상승한다.

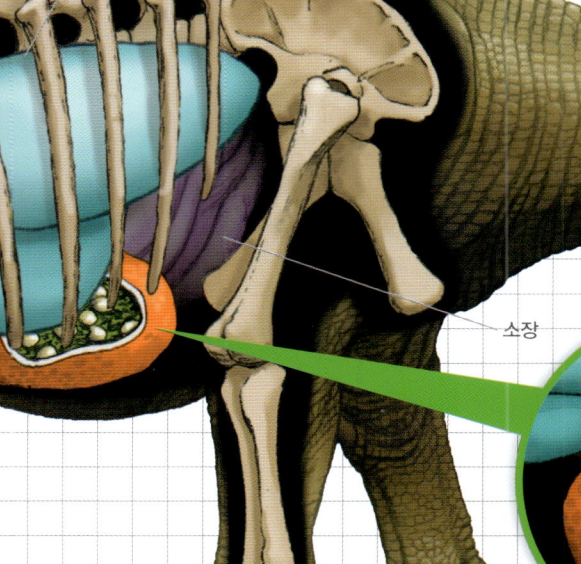

기낭

소장

위와 위석

거대한 소화 기관

소화하려면 커다란 위와 기다란 장이 필요했습니다. 또한, 식물을 꼭꼭 씹어서 삼킨 게 아니기에 삼킨 식물을 위석으로 으깨서 소화를 도왔습니다.

카마라사우루스류

🔶 고바야시 박사의 포인트

카마라사우루스류의 머리뼈에는 커다란 콧구멍이 있었어. 그곳에 공기주머니가 있어서 열을 식히거나 머리를 가볍게 하는 역할을 했을 거야! 크고 탄탄한 수저 모양의 이빨로 식물을 먹었어.

용반류 ● 용각류

조바리아 22m

Jobaria 조바루(전설의 동물)의 공룡 초식

사하라 사막에서 거의 완전한 골격이 발견되었습니다. 목도 꼬리도 그렇게 길지 않아, 등뼈가 가벼워질 필요는 없었습니다. 이빨은 수저 모양이었습니다.

서식 기간: 트라이아스기 / 쥐라기 / 백악기

초식 공룡 / 육식 공룡

카마라사우루스 18m
Camarasaurus 빈 곳이 있는 도마뱀 초식

꽤 많은 뼈를 발견했습니다. 머리뼈는 짧고 상하로 높고 단단하며, 불룩한 콧속에 빈 곳이 있어, 머리가 가벼웠습니다. 앞발과 뒷발이 거의 같은 길이에 등은 수평이었습니다. 머리도 꼬리도 짧은 편이었습니다.

브라키오사우루스류

고바야시 박사의 포인트

브라키오사우루스류는 긴 앞발과 길쭉한 목이 특징인 키가 큰 공룡이야! 네 발로 우뚝 섰을 때 머리의 높이는 빌딩 4층에 닿을 정도였어. 목이 몸의 반 정도를 차지했다고 해.

브라키오사우루스 25m

Brachiosaurus 팔 도마뱀 초식

이름대로 앞발이 뒷발보다 약간 긴 점이 특징입니다. 그 덕에 어깨가 허리보다 높아서 긴 목을 위로 비스듬히 들어 올려 높은 곳에 있는 나뭇잎을 먹을 수 있었습니다. 이마에는 거대한 콧구멍이 있습니다.

서식 기간: 트라이아스기 / 쥐라기 / 백악기

크기 체크 — 에우헬로푸스, 에우로파사우루스

브라키오사우루스의 전신 골격

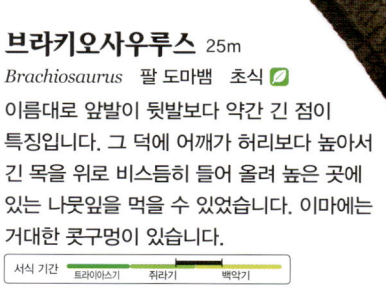

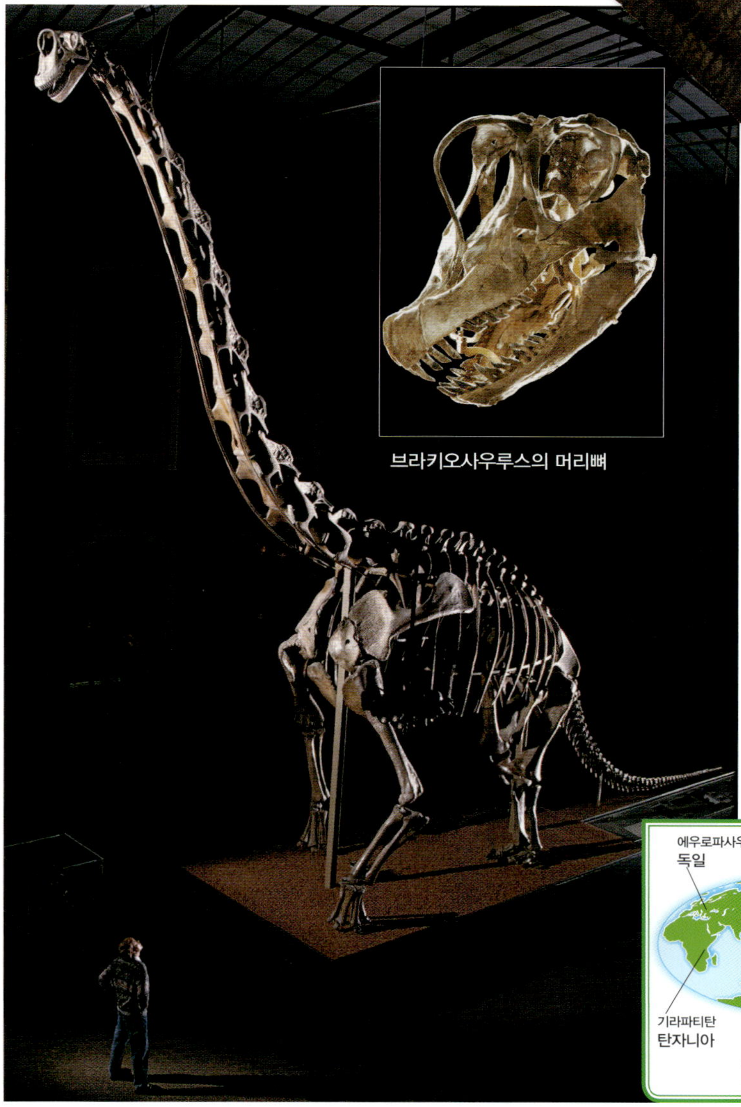

브라키오사우루스의 머리뼈

에우로파사우루스 독일 / 에우헬로푸스 중국 / 기라파티탄 탄자니아 / 사우로포세이돈 미국 / 브라키오사우루스 미국

초식 공룡 육식 공룡

티타노사우루스류 ①

용반류 ● 용각류

고바야시 박사의 포인트

쥐라기 후기부터 백악기 후기에 공룡이 멸종할 때까지 남극을 제외한 전 세계에 번성했던 초식 공룡류야! 코뿔소만 한 크기의 마기아로사우루스부터 최대급 크기를 자랑하던 아르젠티노사우루스까지 종류가 다양했어. 살타사우루스처럼 등에 뼈 갑옷을 가진 공룡도 있었지.

푸에르타사우루스 35~40m
Puertasaurus 푸에르타(발견한 사람의 이름)의 도마뱀 초식

크기로는 아르젠티노사우루스와 1위를 다툴 만큼 거대한 공룡입니다. 목과 등뼈, 꼬리 화석을 발견했는데, 목은 다소 짧은 편입니다. 백악기 남미 남부 지역에서는 30m가 넘는 여러 종류의 용각류가 돌아다녔습니다.

서식 기간: 트라이아스기 / 쥐라기 / **백악기**

초식 공룡 / 육식 공룡

크기 체크 푸에르타사우루스

아르젠티노사우루스 35~40m
Argentinosaurus 아르헨티나(나라 이름)의 도마뱀 초식
최대급 공룡이었습니다. 발굴한 등뼈와 뒷다리 뼈를 바탕으로 원시적인 티타노사우루스류로 추측하고 있습니다. 당시 같은 장소에 대형 육식 공룡인 마푸사우루스도 살았습니다.

서식 기간 | 트라이아스기 | 쥐라기 | 백악기

아르젠티노사우루스 아르헨티나
푸에르타사우루스 아르헨티나

Q. 가장 무거운 공룡은? A. 아르젠티노사우루스는 약 80톤 정도 나갔다는 설이 있습니다. 다만 아직 발견된 화석이 적어 단정할 수는 없습니다.

티타노사우루스류 ②

후쿠이티탄 10m 2010년 발표
Fukuititan 후쿠이(일본 지명)의 거인 초식

2007년에 발견한 뒤 2010년에 새로운 종으로 발표했습니다. 일본에서 최초로 학명을 붙인 용각류입니다.

서식 기간: 트라이아스기 쥐라기 백악기

탐바티타니스 12~15m 2014년 발표
Tambatitanis 단바(일본 지명)의 거인(여신) 초식

2006년에 발견했습니다. '단바룡'이라는 애칭으로도 부르지만, 그 뒤로 조사를 거듭한 결과 새로운 종임을 알았습니다.

서식 기간: 트라이아스기 쥐라기 백악기

네메그토사우루스 12m
Nemegtosaurus 네메그트분지(몽골)의 도마뱀 초식

티타노사우루스와 비슷한 공룡 대부분이 남반구에 서식했던 데 반해 북반구에서 살던 공룡입니다. 거의 완벽한 모양의 두개골만 발견되었습니다. 얼굴은 길고, 입 끝에는 못 모양의 이빨이 나 있었습니다.

서식 기간: 트라이아스기 쥐라기 백악기

네메그토사우루스 몽골
후쿠이티탄 일본(후쿠이현)
탐바티타니스 일본(효고현)
살타사우루스 아르헨티나

크기 체크
탐바티타니스 / 후쿠이티탄 / 네메그토사우루스 / 살타사우루스

초식 공룡 육식 공룡

살타사우루스 12m
Saltasaurus

살타(아르헨티나의 지명)의 도마뱀 초식

등에 피부가 변화한 뼈로 된 갑옷이 있습니다. 단단한 갑옷 덕분에 육식 공룡으로부터 몸을 지킬 수 있었습니다

서식 기간: 트라이아스기 쥐라기 백악기

티타노사우루스류 중에는 등에 갑옷을 가진 종류가 많았습니다.

티타노사우루스류 ③

마기아로사우루스 6m
Magyarosaurus 마자르(헝가리 민족 이름)의 도마뱀 초식
매우 몸집이 작은 용각류 공룡입니다. 키가 작은 식물이 많이 난 습지에서 생활하며 수면 가까이 입을 대고 풀을 뜯어 먹었습니다.

라페토사우루스 15m
Rapetosaurus 라페토(전설의 거인)의 도마뱀 초식
머리부터 꼬리에 이르는 몸 전체 골격이 발견된 귀중한 용각류입니다. 이 발견으로 티타노사우루스류에 속하는 공룡들의 몸 형태를 알 수 있었습니다.

에르케투 15m
Erketu 힘의 신(몽골의 창조신) 초식
목이 매우 길어, 몸의 두 배나 되었습니다. 두 개로 나뉜 등뼈 돌기로 긴 목을 지탱했습니다. 고비 사막에서 목뼈와 뒷다리 뼈를 발견했습니다.

초식 공룡 육식 공룡

크기 체크

마기아로사우루스 · 오피스토코엘리 카우디아
라페토사우루스 · 드레드노투스
에르케투 · 말라위사우루스

오피스토코엘리카우디아 12m
Opisthocoelicaudia

고비 사막에서 발견했습니다. 짧은 꼬리, 두껍고 짧은 앞발, 작아진 앞발의 발가락, 등에 있는 돌기에 깊게 팬 금이 있는 등 다소 변화된 특징이 있었습니다. 머리뼈와 목뼈는 아직 발견하지 못했습니다.

말라위사우루스 10.5m
Malawisaurus

말라위(나라 이름)의 도마뱀 초식

티타노사우루스가 속한 공룡 그룹 중에서 머리뼈만 발견된 매우 희귀한 공룡입니다. 작은 머리에 긴 목과 꼬리를 지니고 있었습니다.

드레드노투스 26m 2014년 발표
Dreadnoughtus 공포를 모르는 공룡 초식

전신의 약 70%에 가까운 뼈를 발견해 몸의 구조를 정확히 알 수 있었습니다. 영국의 거대 전함 '드레드노트호'를 기리며 붙인 이름입니다.

거대한 티타노사우루스류라도 알의 지름이 15cm밖에 되지 않습니다.

티타노사우루스류 ④

막사칼리사우루스 13m
Maxakalisaurus 막사칼리(브라질의 원주민)의 도마뱀 초식

브라질에서 발견한 공룡 중 최대급입니다.
살타사우루스와 가까운 친척이며,
살타사우루스처럼 등에 피부가 변화한,
뼈로 된 갑옷이 있습니다.

알라모사우루스 21m
Alamosaurus 알라모(아메리카의 지명)의 도마뱀 초식

티타노사우루스류에 속하는 공룡들이 대부분 남반구에서 발견된
데 비해 북미에서 발견된 매우 희귀한 공룡입니다. 남미에서
북미까지 이동해서 산 것으로 추측하고 있습니다. 공룡 시대
마지막까지 살아남았습니다

파랄리티탄 26m
Paralititan 파도가 치는 곳의 거인 초식

최상급 몸집을 자랑하는 용각류입니다. 화석이
발견된 곳은 거대한 강의 하구에 펼쳐진
숲이었습니다. 그 밖에도 대형 육식 공룡과 동물,
식물 화석도 발견되었습니다.

푸탈로근코사우루스 32~34m
Futalognkosaurus 거대한 공룡의 우두머리 초식

전신 골격의 70%가 발견되어, 지금까지 발견한 거대
용각류 중에서 가장 완벽한 화석으로 알려져 있습니다.
같은 장소에서 육식 공룡이었던 메가랍토르와 악어,
식물 등의 다양한 화석도 발견되었습니다.

고바야시 박사의 그렇구나! 칼럼

죽음의 함정

거대한 용각류 무리가 늪지대를 지나면 그 자리에 깊은 구멍이 파입니다. 이 죽음의 함정에 작은 공룡들이 빠진다고 해도 결코 이상한 일이 아닙니다. 2001년 중국 북서부에 있는 중가리아분지에서 1억6천만 년 전의 것으로 보이는 놀라운 화석을 발견했습니다. 기둥 모양의 퇴적물 속에 다양한 공룡이 스무 마리 이상 겹겹이 쌓인 채 화석이 된 것입니다. 게다가 그 안에는 지금까지 '공백의 시대'로 알려진 쥐라기 중기의 신종 공룡도 포함되어 있었습니다. 그곳에서 발견한 구안롱은 뼈와 이빨의 특징을 바탕으로 티라노사우루스의 선조에 해당한다는 사실도 알아냈습니다. 그 밖에도 케라토사우루스류, 리무사우루스, 거북과 악어 등의 화석도 다수 발견되었습니다.

이 기둥 모양의 퇴적물이 바로 공룡이 빠진 '함정'이라는 설이 있습니다. 도대체 이 함정은 어떻게 생겨났을까요? 마멘키사우루스처럼 거대한 용각류가 원래 습지였던 곳을 지나가면서 커다란 발자국을 남깁니다. 그곳에 화산 분화로 생긴 대량의 화산재가 쌓여 질퍽거리는 화산 진흙이 모이면, '바닥 없는 습지'처럼 변합니다. 작은 공룡이 이 습지를 걷다가 진흙에 빠져 목숨을 잃은 건 아닐까 추측하기도 합니다.

일러스트처럼 어쩌면 소형 수각류인 구안롱은 사냥감인 리무사우루스 무리를 쫓다가 화산 진흙에 빠진 건지도 모릅니다.

발자국이 화석이 된 것처럼 이 바닥 없는 습지가 바로 높이 1~2m 화석의 정체일 수도 있습니다. 중가리아분지에는 기둥 모양의 퇴적층이 세 곳이나 발견되었습니다.

거대한 공룡의 발자국은 바닥이 없는 습지를 만들어, 소형 공룡의 무덤이 됐습니다. 다양한 생물이 이 함정에 빠진 것 같습니다.

거대한 용각류가 있던 곳에는 반드시 거대한 육식 공룡도 살았습니다. 파랄리티탄은 카르카로돈토사우루스의 먹잇감이었습니다.

원시적인 수각류 ①

고바야시 박사의 포인트!

트라이아스기 후기에 등장한 가장 초기의 공룡으로 육식 공룡의 특징 중 하나인 뾰쪽뾰쪽한 이빨도 있었어. 뒷다리가 길고 발이 빨라서 재빨리 사냥감을 덮칠 수 있었어!

용반류 ● 원시적인 수각류

프렌구엘리사우루스 아르헨티나
헤레라사우루스 아르헨티나

헤레라사우루스 3m
Herrerasaurus 헤레라(인명)의 도마뱀 육식

에오랍토르와 같은 지층에서 발견했습니다. 머리가 긴 편이며, 강력한 턱 근육과 뾰쪽뾰쪽한 이빨을 지녔습니다. 앞발에는 다섯 개의 발가락이 있지만, 넷째 발가락과 다섯째 발가락은 매우 작았습니다. 헤레라사우루스를 원시적인 용반류로 보는 견해도 있습니다.

서식 기간 | 트라이아스기 | 쥬라기 | 백악기

크기 비교
헤레라사우루스
프렌구엘리사우루스

138 초식 공룡 육식 공룡

헤레라사우루스의 전신 골격

프렌구엘리사우루스 6m
Frengvellisaurus 프렌구엘리(사람 이름)의 도마뱀 육식
두 발로 민첩하게 내달려 사냥을 했습니다. 헤레라사우루스와 같은 종류로 보기도 하지만 아직 연구 중입니다.

Q. 아직도 새로운 공룡이 발견되나요?   A. 매년 40~50종의 공룡이 발견되고 있습니다.

원시적인 수각류②

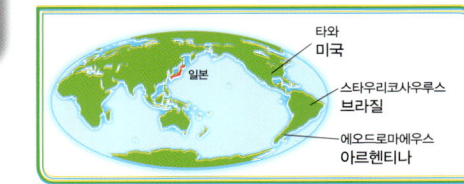

용반류 • 원시적인 수각류

에오드로마에우스 1.2m **2011년 발표**
Eodromaeus 새벽의 주자(runner) 육식

남미, 아르헨티나 안데스산맥에 있는 트라이아스기 후기 지층에서 새로운 공룡을 발견했습니다. 이 공룡의 몸길이는 117cm로, 두 다리로 걸어 다녔습니다. 전신 골격과 이빨 등의 특징을 바탕으로 새로운 육식 공룡으로 분류했습니다.

서식 기간 | 트라이아스기 | 쥐라기 | 백악기

에오드로마에우스 전신 골격

고바야시 박사의 그렇구나! 칼럼

수각류는 어떤 공룡일까?

수각류 공룡은 긴 다리가 허리에서 쭉 뻗어 내려왔으며 두 발로 재빨리 걸을 수 있었습니다. 대부분 육식 공룡으로 이빨 가장자리가 삐쭉삐쭉해서 고기를 잘라 먹기에 적합했습니다. 수각류 중에는 오르니토미무스와 오비랍토르처럼 부리로 식물을 먹는 공룡도 있었습니다.
또한, 소형 수각류가 깃털을 가지고 있었다는 증거를 발견한 덕에 수각류는 내온성으로 몸이 따뜻했으며 운동 신경이 뛰어났음을 추측할 수 있었습니다.
앞발에 날개가 달려 하늘로 진출한 일부 그룹은 조류로 진화했습니다.

크기 체크: 에오드로마에우스, 스타우리코사우루스, 타와

초식 공룡 | 육식 공룡

고바야시 박사의 그렇구나! 칼럼

공룡은 '달의 계곡'에서 태어났다?

1961년 아르헨티나 북서부 '달의 계곡'이라 불리는 지역인 이스치구알라스토층에서 헤레라사우루스의 뼈를 발견했습니다. 2억 3,000만 년 전 트라이아스 후기의 화석이었습니다. 그 뒤, 1991년 미국과 아르헨티나의 합동 조사팀이 헤레라사우루스가 발견된 곳과 같은 지층에서 에오랍토르를 발견했습니다. 이 화석들을 트라이아스기에 살았던 가장 오래된 공룡 화석으로 보고 있습니다. 하지만 2010년, 폴란드의 트라이아스 전기 지층에서 공룡과 매우 흡사한 작은 동물의 발자국이 발견되었습니다. 또한, 아프리카 탄자니아의 2억 4,000만 년 전 지층에서 공룡에 가까운 파충류 화석을 발견했습니다. 공룡의 기원은 아직까지는 미지의 영역인 걸까요?

스타우리코사우루스 2.2m
Staurikosaurus 남십자성의 도마뱀 육식
헤레라사우루스에 가까운 종류지만, 스타우리코사우루스가 몸이 더 작았습니다. 가장자리가 삐쭉삐쭉한 스테이크 나이프 같은 이빨이 있어서 육식성이었을 것으로 추측합니다.

타와 2m
Tawa 호피 족(미국 원주민 부족)의 태양의 신을 기린 이름 육식
헤레라사우루스와 코엘로피시스의 특징을 모두 갖췄지만, 헤레라사우루스와 비교하면 몸이 더 늘씬했습니다. 전신 골격을 발견하여 원시적인 수각류 연구에 큰 도움이 되었습니다.

이스치구알라스토층에서는 다양한 화석을 발견하고 있습니다. 그중 공룡 화석은 11% 정도입니다.

코엘로피시스류 ①

용반류 ● 원시적인 수각류

🟠 고바야시 박사의 포인트 ✏️

늘씬한 몸매지만 자유자재로 움직일 수 있는 기다란 목으로 도망치려는 먹잇감을 재빨리 잡을 수 있었어. 트라이아스기가 끝날 무렵 발생했던 대량 멸종으로 대형 파충류의 수가 급감하자 코엘로피시스류가 육식 공룡으로서 폭넓게 번성했지.

- 메갑노사우루스 짐바브웨
- 코엘로피시스 미국
- 세기사우루스 미국
- 일본

코엘로피시스 3m
Coelophysis 속 빈 형태 육식 🍖

1947년 미국 뉴멕시코주에 있는 고스트 랜치에서 500마리가 넘는 코엘로피시스 화석을 발견했습니다. 갑작스러운 홍수로 한꺼번에 사망한 것은 아닐까 추측합니다. 무리 지어 생활했으며 달리기도 빠르고 가늘고 긴 입으로 작은 동물을 쪼듯이 잡아먹었습니다.

서식 기간: 트라이아스기 / 쥐라기 / 백악기

크기 체크: 세기사우루스 · 코엘로피시스 · 메갑노사우루스

🌿 초식 공룡 🐾 육식 공룡

세기사우루스 1m
Segisaurus 세기(미국 협곡 이름)의 도마뱀　육식

주 먹잇감이 곤충으로 보이는 개으 작은 공룡입니다. 쇄골이 있어, 조류와 매우 흡사한 몸 구조를 지녔습니다. 공룡이 새로 진화했다는 가설이 나온 뒤로 주목받는 공룡입니다.

| 서식 기간 | 트라이아스기 | 쥐라기 | 백악기 |

메갑노사우루스 3m
Megapnosaurus 죽은 듯이 조용한 도마뱀　육식

발견 당시 '신타르수스'라는 이름이 붙었지만, 풍뎅이가 이미 이 이름을 쓰고 있었기에 메갑노사우루스로 다시 변경되었습니다. 무리를 이루며 작은 곤충이나 물고기 등을 잡아먹었습니다.

| 서식 기간 | 트라이아스기 | 쥐라기 | 백악기 |

코엘로피시스의 전신 골격

© ALL RIGHTS RESERVED, IMAGE ARCHIVES, DENVER MUSEUM OF NATURE & SCIENCE

수각류는 체중이 비슷한 초식 공룡보다 더 큰 뇌를 지녔습니다.

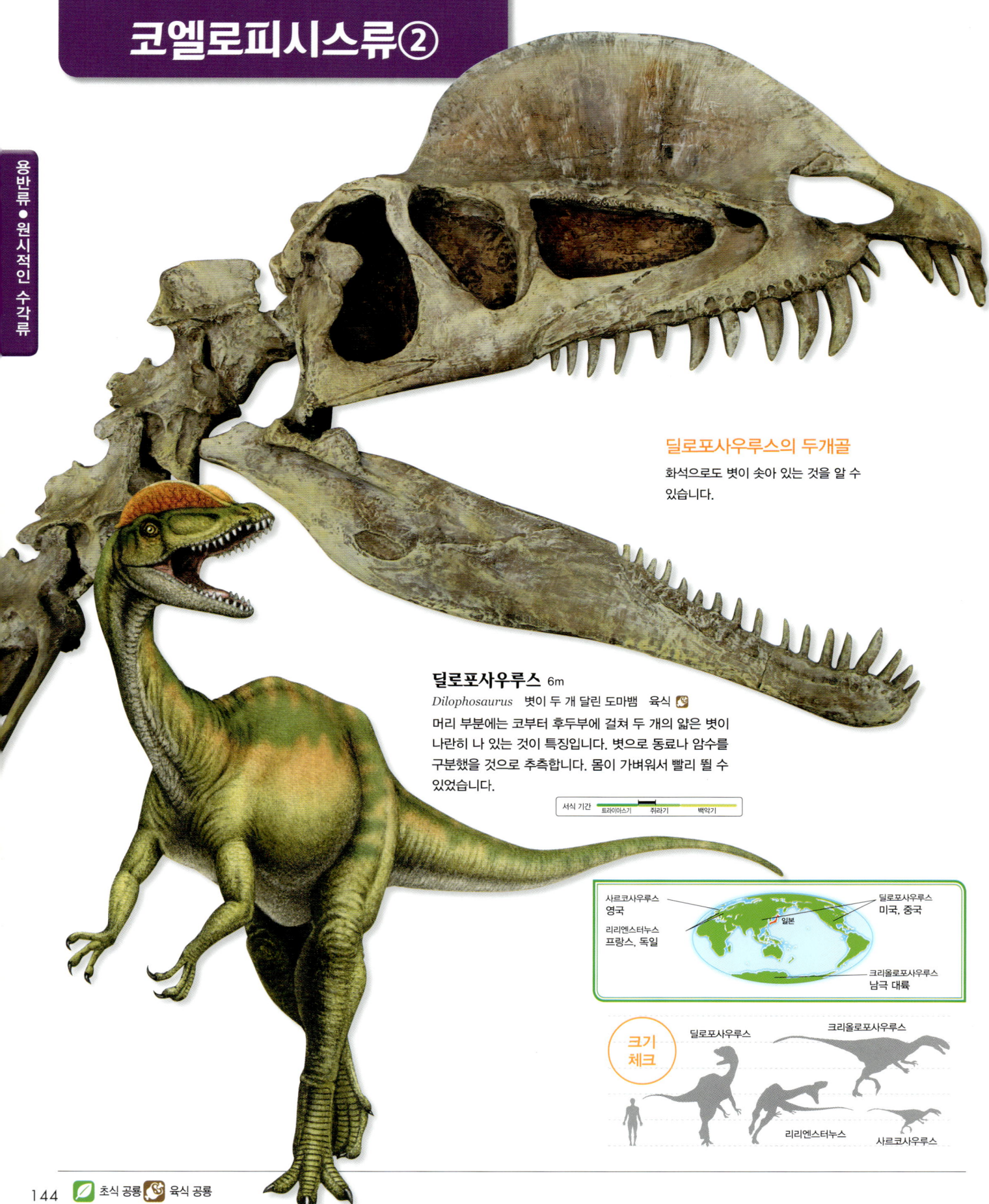

코엘로피시스류 ②

용반류 • 원시적인 수각류

딜로포사우루스의 두개골
화석으로도 볏이 솟아 있는 것을 알 수 있습니다.

딜로포사우루스 6m
Dilophosaurus 볏이 두 개 달린 도마뱀 육식
머리 부분에는 코부터 후두부에 걸쳐 두 개의 얇은 볏이 나란히 나 있는 것이 특징입니다. 볏으로 동료나 암수를 구분했을 것으로 추측합니다. 몸이 가벼워서 빨리 뛸 수 있었습니다.

서식 기간 | 트라이아스기 | 쥐라기 | 백악기

사르코사우루스 — 영국
리리엔스터누스 — 프랑스, 독일
딜로포사우루스 — 미국, 중국
크리올로포사우루스 — 남극 대륙

크기 체크: 딜로포사우루스, 크리올로포사우루스, 리리엔스터누스, 사르코사우루스

초식 공룡 육식 공룡

리리엔스타누스 5.2m
Liliensternus 리리엔스터룬(사람 이름)의 도마뱀 육식

딜로포사우루스처럼 머리에 코부터 후두부에 걸쳐 얇은 볏이 한 쌍 나 있습니다. 딜로포사우루스의 것보다 작으며 얇고 긴 모양을 한 것으로 보입니다.

사르코사우루스 3.5m
Sarcosaurus 고기 도마뱀 육식

영국에서 발견했습니다. 당시 유럽은 수많은 섬으로 이루어져 있었습니다. 화석 일부만이 발견된 까닭에 아직 상세한 정보는 알지 못합니다.

크리올로포사우루스 6.5m
Cryolophosaurus 얼어붙은 볏을 가진 도마뱀 육식

독특하게도 눈 위에 볏이 옆으로 비스듬히 나 있습니다. 앞발에는 다른 육식 공룡보다 많은 네 개의 발가락이 있었습니다. 크리올로포사우루스 화석 근처에 대형 초식 공룡인 글라키알리사우루스 화석을 발견했는데, 크리올로포사우루스의 먹잇감이었던 것으로 추측합니다.

글라키알리사우루스(조각류)

고바야시 박사의 그렇구나! 칼럼
남극에 있던 공룡

남극은 쥐라기 전기에는 훨씬 더 북쪽에 있었고 기후도 따뜻하여 소철과 침엽수도 자랐습니다. 크리올로포사우루스와 글라키알리사우루스 외에도 곡룡류의 안타르크토펠타, 조각류의 트리니사우라 등 다양한 공룡을 발견했습니다. 아직 증거가 되는 화석을 찾지 못했지만 용각류도 그곳에 살았을 것이라고 보는 공룡 학자도 있습니다.

수각류는 스테이크 나이프처럼 날카로우면서도 삐쭉삐쭉한 이빨이 나 있으며, 부러져도 몇 번이고 다시 났습니다.

케라토사우루스류 ②

마준가사우루스 6~8m
Majungasaurus 마중가 (마다가스카르 북서부 지명)의 도마뱀 육식
아벨리사우루스처럼 강력한 턱과 작은 앞발이 있었습니다. 화석에 남은 증거로 라페토사우루스 같은 대형 용각류를 잡아먹었음을 알 수 있었습니다.

고바야시 박사의 그렁구비 칼럼

서로를 잡아먹었던 공룡

마준가사우루스의 화석 중 몇몇에는 다른 마준가사우루스에게 물린 흔적이 명확히 남아 있습니다. 이는 마준가사우루스끼리 서로 잡아먹었다는 증거로 볼 수 있습니다. 티라노사우루스 같은 육식 공룡도 이런 습성을 보였는지 모르지만, 화석으로 증거를 찾은 건 마준가사우루스가 처음입니다.

마준가사우루스나 아벨리사우루스 같은 앞발이 짧은 공룡은 발이 빠르지 않기에 용각류처럼 느릿느릿 움직이는 초식 공룡을 먹잇감으로 삼을 수밖에 없었습니다.

케라토사우루스류 ③

마시아카사우루스 2m
Masiakasaurus 사악한 도마뱀 육식

소형 공룡으로 양턱 끝에 난 이빨이 앞으로 튀어나온 것이 특징입니다. 그 이빨로 작은 동물이나 물고기를 능숙하게 잡아먹었습니다.

서식 기간: 트라이아스기 쥐라기 백악기

루곱스 – 니제르
마시아카사우루스 – 마다가스카르
아우카사우루스 – 아르헨티나
카르노타우루스 – 아르헨티나

조반류 ● 수각류

줌업 – 마시아카사우루스의 뾰족한 이빨

마시아카사우루스는 아주 독특한 이빨을 지녔습니다. 이빨이 앞을 향해 튀어나와 있었지요. 또한, 이빨 모양이 원뿔꼴로 끝이 살짝 휘어져 있었습니다. 안쪽 이빨은 수각류 특유의 나이프 모양이었습니다. 일러스트에 나온 대로 물고기를 꿰뚫는 데 썼을지도 모르겠습니다.

크기 체크
루곱스
아우카사우루스
마시아카사우루스
카르노타우루스

초식 공룡 육식 공룡

고바야시 박사의 그렇구나! 칼럼

카르노타우루스의 짧은 팔

카르노타우루스와 아우카사우루스 등은 아주 짧은 팔을 지녔습니다. 티라노사우루스류도 팔이 짧았지만, 이들과 비교해도 아무 역할도 할 수 없을 만큼 팔이 짧습니다. 하지만 강력한 턱으로 사냥했을 것입니다.

카르노타우루스 8m
Carnotaurus 고기를 먹는 황소 육식
좌우 눈 위에는 뿔이 있으며, 얼핏 보면 무시무시한 외모지만, 발톱이 없는 짧은 앞발은 싸우는 데 그다지 도움이 되지 않았을 것으로 보입니다.

루곱스 7m
Rugops 주름진 얼굴 육식
두개골 표면이 수많은 각질로 뒤덮여 있습니다. 두개골이 부리처럼 딱딱한 표면으로 뒤덮여 있었을 것으로 추측합니다. 살아 있는 먹잇감을 덮치는 게 아니라, 죽은 동물 고기를 먹었을 것으로 보고 있습니다.

아우카사우루스 5m
Aucasaurus 아우카 가후에보(아르헨티나의 화석 발견 장소)의 도마뱀 육식
꼬리 끝을 제외한 전신 골격이 발견되었습니다. 눈 위에는 한 쌍의 작은 뿔이 나 있었습니다. 머리에는 싸움으로 입은 상처의 흔적도 볼 수 있었습니다.

Q. 육식 공룡과 초식 공룡 중 어느 쪽이 더 많았어요?
A. 먹잇감인 초식 공룡의 수가 더 많았을 것으로 추측하고 있습니다.

스피노사우루스류 ①

고바야시 박사의 포인트!

스피노사우루스류는 커다란 발톱이 있었고, 길고 강력한 앞발과 길쭉한 입이 특징이었어. 그리고 스피노사우루스나 이리타토르처럼 등에 커다란 돛이 달린 공룡도 있었지. 스피노사우루스는 티라노사우루스보다 훨씬 컸던 최대급 육식 공룡이었어!

조반류 ● 수각류

위턱 끝에 있는 무수히 많은 작은 구멍으로 수압의 변화를 느끼며 물고기를 잡았던 것으로 보입니다.

스피노사우루스 18m
Spinosaurus 가시 달린 도마뱀 육식

악어와 흡사한 얼굴을 지녔습니다. 송곳처럼 날카로운 이빨이 나 있었습니다. 등에 난 뼈 돌기를 피부가 감싸고 있습니다. 돌기의 크기가 무려 1.7m나 되며, 마치 돛을 펼친 것처럼 보입니다. 체온 조절이나 구애 시 사용했던 것으로 추측됩니다.

서식 기간: 트라이아스기 / 쥐라기 / 백악기

스피노사우루스의 전신 골격

스피노사우루스는 최신 연구에서 지금까지 추측했던 것보다 더 물에 적합한 몸이었을지도 모른다는 결과가 나왔습니다. 이 연구에 따르면 뒷발에 물갈퀴가 있었을 수도 있다고 합니다. 또한, 유연한 꼬리를 지느러미처럼 움직이면서 헤엄을 쳤을 수도 있습니다.

바리오닉스 - 영국, 스페인
스피노사우루스 - 이집트, 모로코
이리타토르 - 브라질

초식 공룡 육식 공룡

고바야시 박사의 그렇구나! 칼럼

물고기를 잡아먹은 공룡

스피노사우루스류는 길고 가는 입을 물속에 넣어, 물고기를 잡아먹은 것으로 보입니다. 날카로운 이빨은 한번 잡은 먹잇감을 절대 놓치지 않았을 것입니다. 실지로 바리오닉스 화석의 배 부분에서 물고기와 새끼 이구아노돈 뼈가 발견되었습니다. 스피노사우루스류는 육상은 물론 물에서도 사냥했던 것으로 추측합니다.

스피노사우루스류인 수코미무스

바리오닉스 8m
Baryonyx 무거운 발톱 육식

머리는 악어와 비슷하게 생겼으며, 위아래 턱에는 96개나 되는 원뿔 모양의 긴 이빨이 나 있었습니다. 앞발 엄지발가락에는 매우 큰 발톱이 나 있습니다. 물가에서 생활하며 물고기를 잡아먹었음을 확인한 유일한 공룡입니다.

서식 기간 | 트라이아스기 | 쥐라기 | 백악기

이리타토르 8m
Irritator 짜증 나는 것 육식

남미에서 발견된 유일한 스피노사우루스류로, 머리뼈만 발견했습니다. 머리에는 작은 돌기가 나 있습니다. 이리타토르의 이빨이 박힌 익룡의 등뼈가 발견되기도 했습니다.

서식 기간 | 트라이아스기 | 쥐라기 | 백악기

스피노사우루스류는 강, 호수, 습지와 가까운 곳에서만 발견할 수 있었습니다. 또한, 이 공룡들의 화석이 발견된 곳 주위에서 수많은 물고기 화석도 발견되었습니다.

스피노사우루스류 ②

- 수코미무스 니제르
- 이크티오베나토르 라오스

크기 체크
- 살코수쿠스
- 이크티오베나토르
- 수코미무스

용반류 ● 수각류

이크티오베나토르 9m 2012년 발표
Ichthyovenator 물고기를 사냥하는 공룡 육식
아시아에서 발견한 스피노사우루스류입니다. 등의 돛이 허리 근처에서 앞뒤로 나뉘어 있는 것이 특징입니다.

서식 기간 트라이아스기 쥐라기 백악기

고바야시 박사의 그렇구나! 칼럼

공룡 시대의 파충류

백악기 육지에는 공룡이 번성했지만, 바다나 강은 파충류가 차지했습니다. 악어의 조상 중에는 거대한 종류도 있었습니다.

살코수쿠스 12m
Sarcosuchus 육식성 악어 황제
백악기 전기에 나타난 악어류입니다. 1997년과 2000년에 사하라 사막에서 거의 완벽한 화석을 발견했습니다.

서식 기간 트라이아스기 쥐라기 백악기

154 초식 공룡 육식 공룡

수코미무스 11m

Suchomimus 악어를 닮은 공룡 육식

바리오닉스를 확대한 듯한 모습입니다. 머리는 그보다 더 길며, 약 100여 개의 이빨이 있었습니다. 등에 돛이 있지만, 스피노사우루스만큼 크지는 않았습니다. 주로 물고기를 잡아먹었습니다.

서식 기간 : 트라이아스기 / 쥐라기 / **백악기**

육식 공룡 수코미무스오- 슈퍼 악어인 살코수쿠스의 전쟁

몸길이가 11m나 되는 수코미무스(안쪽)가 물가에서 물고기를 잡고 있었습니다. 수코미무스가 물속으로 들어간 순간, 몸길이 12m의 살코수쿠스(맨앞)가 물속에서 갑자기 튀어나와 수코미무스를 위협합니다. 깜짝 놀란 수코미무스가 입을 벌리며 상대를 위협합니다. 한참을 노려보던 둘은 결국 싸움을 끝내고 맙니다.

스피노사우루스류는 등에 거대한 돛을 달고 있었습니다. 체온을 조절하거나 다른 공룡들과 서로 구분하는 데 쓰였을 것입니다.

메갈로사우루스류

용반류 ● 수각류

고바야시 박사의 포인트!

메갈로사우루스는 세계에서 가장 먼저 화석을 발견한 공룡이야! 메갈로사우루스란 '커다란 도마뱀'이라는 뜻이야. 턱 힘은 그렇게 세지 않았지만, 강력한 앞발을 휘두르며 사냥했어.

토르보사우루스 10m
Torvosaurus 사악한 도마뱀 육식

약 1.6m가 넘는 머리뼈로 추측할 때 쥐라기 최대급 육식 공룡입니다. 짧은 앞발에는 날카로운 발톱이 달린 세 개의 발가락이 있었습니다.

서식 기간: 트라이아스기 / 쥐라기 / 백악기

스키우루미무스 - 독일
메갈로사우루스 - 영국, 프랑스
모놀로포사우루스 - 중국
아프로베나토르 - 니제르
토르보사우루스 - 미국, 포르투갈
피아트니츠키사우루스 - 아르헨티나

크기 체크
피아트니츠키사우루스
토르보사우루스
스키우루미무스
아프로베나토르
메갈로사우루스
모놀로포사우루스

알로사우루스류 ①

용반류 • 수각류

고바야시 박사의 포인트!

쥐라기 중기에 나타난 뒤로 백악기 후기까지 육지를 지배한 대형 육식 공룡이야. 개중에는 기가노토사우루스처럼 티라노사우루스를 능가하는 공룡도 있었다고!

알로사우루스 8~12m

Allosaurus 특별한 도마뱀 육식

쥐라기 육식 공룡 중, 최대·최강 공룡이었습니다. 거대한 뇌를 지녔으며, 입안에 난 휘어진 나이프 모양의 이빨, 물건을 잡을 수 있는 날카로운 발톱을 무기로 삼아 민첩한 몸놀림으로 먹잇감을 덮쳤습니다.

서식 기간 | 트라이아스기 | 쥐라기 | 백악기

알로사우루스의 전신 골격

 육식 공룡의 이빨

육식 공룡의 이빨은 날카로운 스테이크 칼처럼 뾰족뾰족 나 있어 사냥감의 고기를 자르는 데 적합했습니다. 이런 이빨을 톱니라고 합니다. 톱니는 육식 공룡의 공통적인 특징이지만, 자세히 보면 종류마다 차이가 있습니다.

알로사우루스의 이빨은 우둘투둘한 이빨 선이 휘어져 내려와 있어 고기를 비틀어 끊을 수 있었습니다. 하지만 이빨이 가늘고 무는 힘도 뼈를 부술 만큼 세지 않아 먹잇감의 살점을 뜯어냈을 것으로 보입니다. 살점이 뜯긴 사냥감은 쇼크와 대량 출혈로 움직일 수 없었을 테니까요. 티라노사우루스의 이빨은 알로사우루스의 이빨보다 두껍고 단단합니다. 턱 힘도 무려 8톤에 달했다고 하니, 사냥감을 뼈째 씹어먹었을 것입니다.

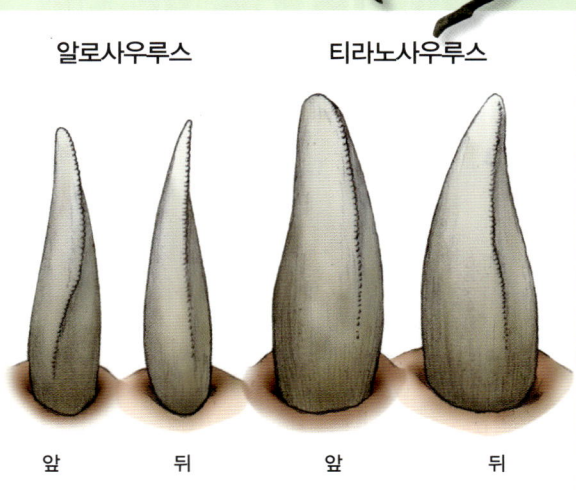

알로사우루스 | 티라노사우루스
앞 뒤 | 앞 뒤

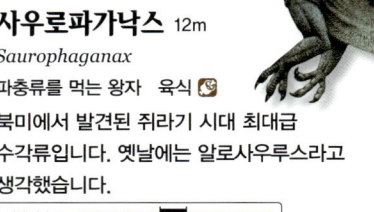

사우로파가낙스 12m

Saurophaganax

파충류를 먹는 왕자 육식

북미에서 발견된 쥐라기 시대 최대급 수각류입니다. 옛날에는 알로사우루스라고 생각했습니다.

서식 기간 | 트라이아스기 | 쥐라기 | 백악기

초식 공룡 육식 공룡

아파토사우루스(→P.119)

아파토사우루스를 덮치는 알로사우루스

알로사우루스와 아파토사우루스의 화석을 함께 발견했습니다. 또한, 알로사우루스에게 물린 흔적이 있는 아파토사우루스의 뼈도 발견했기에 갈로사우루스는 자신보다 훨씬 거대한 아파토사우루스를 먹잇감으로 삼았음을 알 수 있습니다. 무리를 이루어 사냥했을 가능성도 있습니다.

알로사우루스의 몸무게는 1.7톤으로, 알로사우루스가 3.5마리는 있어야 티라노사우루스 한 마리의 무게와 같습니다.

알로사우루스류②

네오베나토르 영국
콘카베나토르 스페인
카르카로돈토사우루스 이집트, 모로코, 튀니지 등
시아츠 미국
아크로칸토사우루스 미국
티라노티탄 아르헨티나

티라노티탄 12m
Tyrannotitan 거대한 폭군 육식

거대한 육식 공룡으로 체중이 6톤이나 나갔다는 계산이 있습니다. 알로사우루스류 중에서는 비교적 앞발이 작은 편이었습니다.

티라노티탄의 전신 골격

카르카로돈토사우루스 12m
Carcharodontosaurus 톱니 모양의 이빨을 가진 도마뱀 육식

티라노사우루스, 기가노토사우루스와 어깨를 나란히 견주는 최대급 육식 공룡으로 매우 큰 머리가 특징입니다. 턱에는 강력한 이빨이 났으며, 거대한 초식 공룡을 잡아먹었습니다. 때로는 다른 공룡이 잡은 먹잇감을 가로채기도 했습니다.

네오베나토르 4.7m
Neovenator 새로운 사냥꾼 육식

유럽에서 최초로 발견한 알로사우루스류로 깔끔한 체형이었습니다. 네오베나토르의 이빨 흔적이 있던 이구아노돈 화석을 발견하기도 했습니다. 빠른 발을 살려 무리 지어 사냥했을 것으로 추측합니다.

알로사우루스류 ③

용반류 • 수각류

신랍토르 7.6m
Sinraptor 중국의 도둑 육식
머리 부분 중 눈 위에는 작은 뿔처럼 생긴 돌기가 났고 코에서 눈에 걸쳐 얇고 낮은 볏이 있습니다. 발굴한 화석에 동료에게 물린 것으로 보이는 상처가 있어 같은 종끼리 다투었던 것을 알 수 있습니다.

마푸사우루스 10m
Mapusaurus 대지의 도마뱀 육식
기가노토사우루스와 비슷한 대형 육식 공룡입니다. 성장 단계가 다른 일곱 개체의 화석이 같은 장소에서 발견된 것으로 보아, 가족으로 무리를 이루어 생활했던 것은 아닐까 추측하고 있습니다.

기가노토사우루스 12.5m
Giganotosaurus 거대한 남쪽 도마뱀　육식

카르카로돈토사우루스오ㅏ 계통적으로 매우 가까운 최대급 육식 공룡입니다. 남미 평원에서 살던 티타노사우루스 같은 거대한 용각류를 사냥해 먹었습니다. 발은 빠르지 않았지만, 뛰어난 후각을 이용해 몸을 숨겼다가 사냥을 했던 것으로 추정됩니다.

서식 기간: 트라이아스기 / 쥐라기 / 백악기

양추아노사우루스 10m
Yangchuanosaurus 용촨(중국 지명)의 도마뱀　육식

알로사우루스를 닮은 체형이지만, 등뼈에 있는 돌기가 다소 높이가 있으며 그 주위로 근육이 붙어 있습니다. 얼굴에는 코부터 눈에 걸쳐서 한 쌍의 낮은 볏이 있었습니다.

서식 기간: 트라이아스기 / 쥐라기 / 백악기

크기 체크: 기가노토사우루스, 마푸사우루스, 식람토르, 양추아노사우루스

쥐라기부터 백악기 중기까지 전 세계에서 알로사우루스류가 티라노사우루스류보다 더 번성했습니다.

고바야시 박사의 그렇구나! 칼럼

깃털 공룡의 발견

옛날에는 공룡이 도마뱀이나 악어처럼 비늘로 뒤덮여 있었을 것이라 생각했습니다. 하지만 최근 들어 공룡에게 깃털이 있었음을 증명하는 화석을 하나둘 발견하고 있습니다.

1990년에 중국 랴오닝성에서 신기한 공룡 화석을 발견했습니다. 1억 2,500만 년 전 지층에서 발견한 이 화석은 머리부터 꼬리에 걸쳐 거의 온몸에 깃털이 나 있었습니다. 세계에서 처음으로 발견한 깃털 공룡 화석입니다. 이 공룡에게 시노사우롭테릭스라는 이름을 붙였습니다.

이후로도 깃털 공룡을 하나둘 발견했습니다. 네 장의 날개가 달렸던 미크로랍토르나 원시적인 티라노사우루스류인 딜롱 등 중요한 발견이 이어졌습니다. 온몸이 깃털로 뒤덮여 있으면 마치 옷을 입은 것처럼 몸을 따뜻하게 할 수 있습니다. 시노사우롭테릭스나 딜롱처럼 작은 수각류는 몸이 따뜻한 내온성 동물이었을 가능성이 높습니다.

2012년에는 대형 수각류, 티라노사우루스류인 유티라누스 화석에서 깃털 흔적을 발견했습니다. 또한, 2014년에도 원시적인 조반류인 쿨린다드로메우스 화석에서 다양한 모양의 깃털을 확인 했습니다. 지금까지 생각했던 것보다 훨씬 많은 종류의 공룡이 깃털로 온몸을 감싸고 있었던 셈입니다.

시노사우롭테릭스 1m
Sinosauropteryx 중국 파충류의 날개 육식

처음으로 발견한 깃털 공룡입니다. 깃털에서 멜라닌이라는 색소를 발견하여 꼬리 부분이 밝은 색과 어두운 색의 띠 모양이었을 것으로 추측하고 있습니다. 공룡이 새로 진화했다는 설을 뒷받침하는 근거가 된 공룡입니다.

기간 트라이아스기 쥐라기 백악기

◀시노사우롭테릭스는 털처럼 생긴 깃털이 있었습니다.

▶시노사우롭테릭스의 화석. 머리에서 꼬리 끝까지 깃털로 덮여 있었음을 알 수 있습니다.

▲원시적인 티라노사우루스류인 딜롱

▲하늘을 활공했던 미크로랍토르

▲대형 수각류 중 하나인 유티라누스

▲깃털이 났던 조반류, 쿨린다드로메우스

 콤프소그나투스는 몸길이가 1m였으나 반 이상이 꼬리로, 실제 몸은 닭 정도 크기였습니다.

티라노사우루스류 ①

용반류 ● 수각류

고바야시 박사의 포인트
티라노사우루스류는 쥐라기부터 백악기 전기에 걸쳐 유럽과 아시아에서 진화했어. 하지만 그때는 몸집이 작았지. 그 뒤로 북미로 건너가서 진화한 티라노사우루스류는 대형화되면서 최강의 육식 공룡으로 거듭났어!

고바야시 박사의 그렇구나! 칼럼

티라노사우루스에게 깃털이 있었다?

티라노사우루스의 선조 중 하나인 딜롱에게는 깃털이 있었습니다. 하지만 티라노사우루스 같은 대형 공룡에게는 체온 유지를 위한 깃털이 필요 없었을지도 모릅니다. 어렸을 때는 깃털이 있었다가 성장하면서 깃털이 빠진 건 아닐까 추측하는 학자도 있습니다.

초식 공룡　육식 공룡

티라노사우루스 12~13m
Tyrannosaurus 목군 도마뱀 육식

최대급 육식 공룡으로 유명합니다. 나이프처럼 생긴 이빨은 무려 14cm나 되었으며 강력한 턱 힘으로 사냥감을 뼈째 부숴 먹을 수 있었습니다. 시각과 후각도 발달했으며 소규모로 생활했을 것이라는 설도 있습니다.

Q&A Q 티라노사우루스가 달릴 때 속도는 어느 정도였어요? A 시속 20~30km라는 설이 있지만, 어린 티라노사우루스는 더 빨리 달릴 수 있었습니다.

티라노사우루스류 ②

용반류 ● 수각류

타르보사우루스의 사냥
타르보사우루스가 초식 공룡인 테리지노사우루스류를 노리고 있습니다. 테리지노사우루스류는 날카로운 발톱으로 자신을 지키려고 합니다.

타르보사우루스 10m
Tarbosaurus 경고하는 도마뱀 육식
아시아 최대 크기의 육식 공룡입니다. 티라노사우루스와 매우 닮았지만, 체형은 다소 마른 편입니다. 눈 위에 작은 돌기가 있었습니다.

서식 기간 | 트라이아스기 | 쥐라기 | 백악기

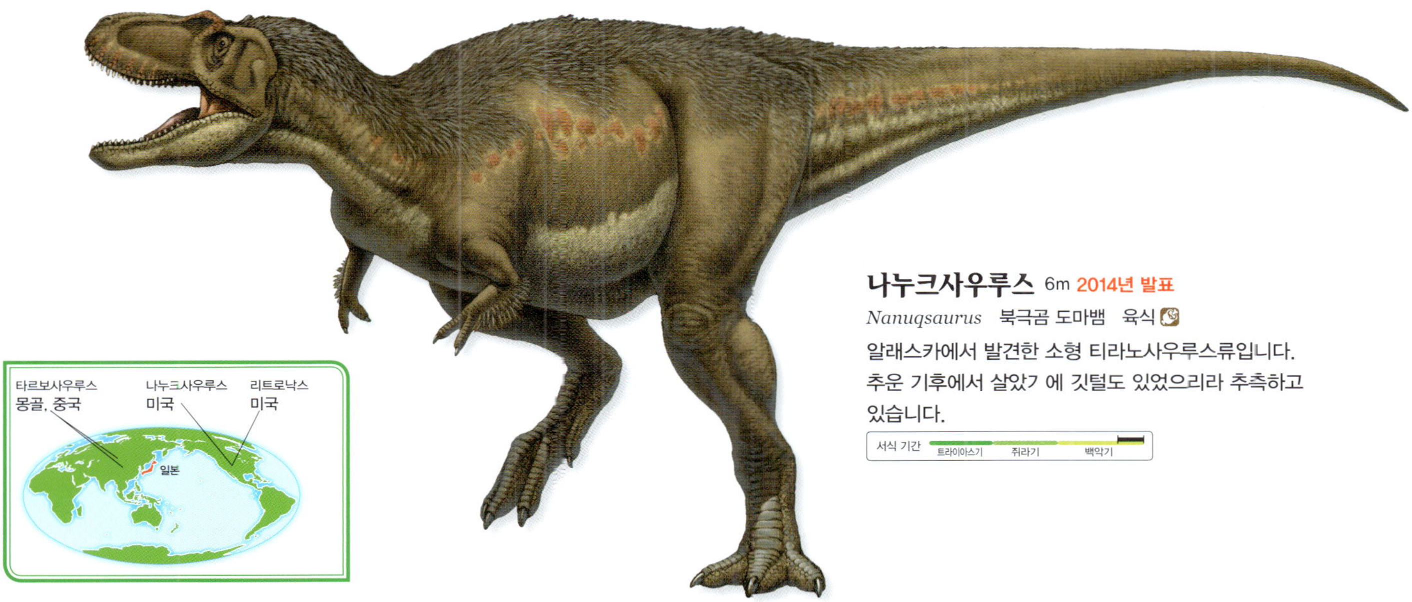

나누크사우루스 6m 2014년 발표
Nanuqsaurus 북극곰 도마뱀 육식

알래스카에서 발견한 소형 티라노사우루스류입니다. 추운 기후에서 살았기에 깃털도 있었으리라 추측하고 있습니다.

리트로낙스의 화석

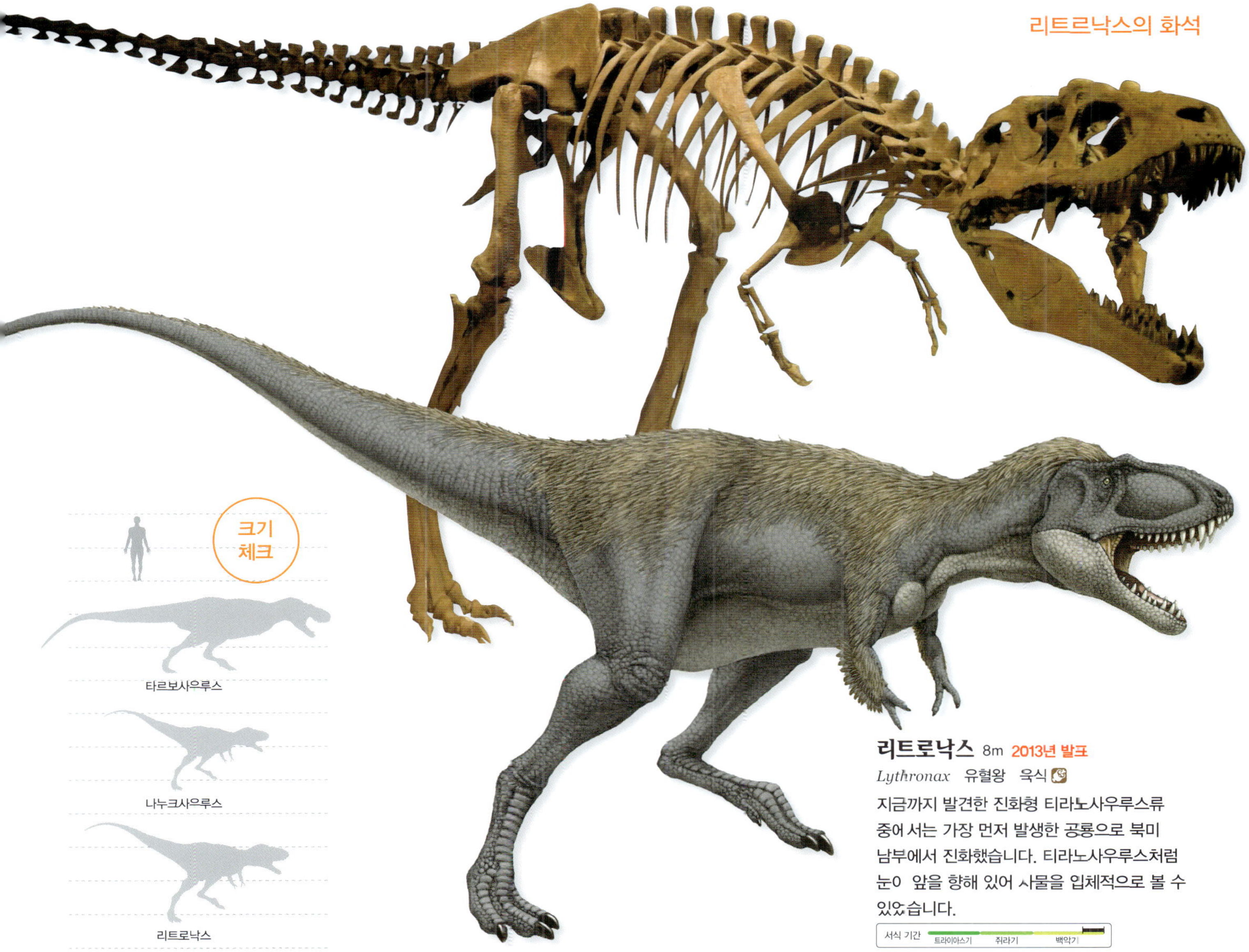

리트로낙스 8m 2013년 발표
Lythronax 유혈왕 육식

지금까지 발견한 진화형 티라노사우루스류 중에서는 가장 먼저 발생한 공룡으로 북미 남부에서 진화했습니다. 티라노사우루스처럼 눈이 앞으로 향해 있어 사물을 입체적으로 볼 수 있었습니다.

크기 체크
- 타르보사우루스
- 나누크사우루스
- 리트로낙스

 진화형 티라노사우루스는 몸이 커지면서 머리뼈의 폭도 넓고 커졌습니다. 또한, 앞발은 작아져 발가락이 두 개뿐이었습니다.

티라노사우루스류 ③

알리오라무스 6m
Alioramus 특별한 가지 육식

좁고 긴 얼굴에는 콧등에서 머리 부분으로 다섯 개의 작은 뿔처럼 생긴 돌기가 있었습니다. 적을 공격하는 데 쓰기에는 너무 작아서 동료나 수컷과 암컷을 구분하는 데 사용했을 것으로 추측하고 있습니다.

퀴안주사우루스 9m **2014년 발표**
Qianzhousaurus 퀴안주(중국 옛 도시의 이름)의 도마뱀 육식

코끝이 길게 뻗어 있어 피노키오 렉스라고도 부릅니다. 알리오라무스와 가까우며 아시아에는 이렇게 턱이 긴 티라노사우루스류가 광범위하게 분포되어 있었습니다.

다스플레토사우루스 8~9m
Daspletosaurus 무서운 도마뱀 육식

티라노사우루스를 작게 줄여 놓은 공룡으로 자기보다 큰 공룡도 공격했습니다. 무리 지어 사냥했을 것으로 추측합니다.

초식 공룡   육식 공룡

알렉트로사우루스 5m
Alectrosaurus 고독한 도마뱀
육식
티라노사우루스를 매우 닮았으나, 5m 정도 크기의 중형 공룡입니다. 시옹구안룽에 가까운 종으로 추측합니다.

알베르토사우루스 9m
Albertosaurus 앨버타(캐나다 주 명)의 도마뱀 육식
티라노사우루스를 닮았지만, 몸집은 더 작고 늘씬한 체형이어서 빨리 달릴 수 있었습니다. 앞발은 작고 발가락은 두 개였습니다. 강력한 이빨은 설령 부러져도 그 아래 있던 예비 이빨이 바로 그 자리를 대신했습니다.

알베르토사우루스의 집단 화석을 발견했습니다. 떼를 지어 행동했을 가능성이 있는 셈입니다.

티라노사우루스류 ④

고르고사우루스 8~9m
Gorgosaurus 사나운 도마뱀 육식
알베르토사우루스를 닮았지만, 눈이 옆에 붙어 있는 점과 이빨 수가 적다는 차이점이 있습니다. 머리뼈는 커서 약 1m에 달했습니다.

테라토포네우스 6.7m 2011년 발표
Teratophoneus 무시무시한 살인마 육식
유타주 남부에 있는 7,500만 년 전 지층에서 화석을 발견했습니다. 머리뼈는 티라노사우루스와 비교할 때 폭이 좁은 편이었습니다.

비스타히에베르소르 9m
2010년 발표
Bistahieversor 비스타히(미국 지명)의 파괴자 육식
알베르토사우루스와 다스플레토사우루스와 같은 시대에 북미 남부 지역에서 번성했습니다. 후 시대에 등장한 티라노사우루스처럼 턱이 두꺼워 무는 힘도 셌을 것입니다.

스피놉스
(각룡류 센트로사우루스류)

고르고사우루스의 사냥

고르고사우루스가 새끼 스피놉스를 노리는 장면입니다. 새끼 공룡은 뿔이 아직 자신을 지킬 만큼 충분히 발달하지 않았습니다. 그래서 엄마 공룡이 새끼를 지키려고 고군분투하고 있습니다.

티라노사우루스류 ⑤

🔸 **고바야시 박사의 포인트!**

여기에서는 원시적인 티라노사우루스류를 소개할게.
티라노사우루스의 선조는 유럽과 아시아에서 진화했지.

구안롱 3m
Guanlong 관을 쓴 용 육식
깃털 공룡인 딜롱에 가까운 원시적인
티라노사우루스류입니다. 그래서 몸에는 깃털이
있었을 것으로 추측합니다. 티라노사우루스보다
앞발이 길고 머리에는 볏 모양의 돌기가
있었습니다.

서식 기간: 트라이아스기 / 쥐라기 / 백악기

딜롱 1.6~2m
Dilong 황제 공룡 육식
가장 원시적인 티라노사우루스류입니다. 화석에 깃털
흔적이 있어 온몸이 깃털로 뒤덮여 있음을 알았습니다.
깃털은 새처럼 날기 위한 게 아니라 체온을 유지하는 데
필요했습니다.

서식 기간: 트라이아스기 / 쥐라기 / 백악기

- 구안롱 중국
- 딜롱 중국
- 에오티라누스 영국
- 일본
- 유티라누스 중국
- 시옹구안롱 중국
- 랩토렉스 중국

크기 체크
구안롱 / 딜롱 / 시옹구안롱
랩토렉스 / 에오티라누스 / 유티라누스

시옹구안롱 1.5m **2010년 발표**
Xiongguanlong 자위관(중국 지명)의 용 육식
70개 이상의 이빨을 가진 중형 육식 공룡입니다.
길고 평평한 두개골이 특징입니다.

서식 기간: 트라이아스기 / 쥐라기 / 백악기

🌿 초식 공룡 🐾 육식 공룡

유티라누스 9m 2012년 발표
Yutyrannus 깃털이 달린 폭군 육식

대형 수각류 중에서는 처음으로 화석에서 깃털 흔적을 발견했습니다. 온몸이 깃털로 덮여 있었을 가능성도 있습니다. 또한, 머리에는 볏이 있었습니다.

랩토렉스 3m
Raptorex 도둑의 왕 육식

원시적인 티라노사우루스류입니다. 발견한 화석은 6살 정도로 추정되며 몸길이는 약 3m, 체중은 약 60kg으로 티라노사우루스의 100분의 1 정도였습니다. 커다란 머리, 짧은 앞다리 등 티라노사우루스의 특징을 모두 갖추고 있습니다. 만약 이 화석이 백악기 후기의 것이라면 새끼 타르보사우루스일 가능성도 있습니다.

에오티라누스 4m
Eotyrannus 새벽의 폭군 육식

유럽에서 발견한 원시적인 티라노사우루스류입니다. 긴 앞발에는 세 개의 발가락이 있었습니다.

원시적인 티라노사우루스류는 몸집이 작았으며 몸에는 깃털이 있었습니다. 앞발에는 세 개의 발가락이 있었습니다.

티라노사우루스류 ⑥

고바야시 박사의 포인트!
후쿠이랍토르를 비롯해 이 페이지에서 소개할 공룡들은 알로사우루스류로 분류된 적이 있어. 하지만 최근 연구에서는 원시적인 티라노사우루스류로 보는 견해도 있어!

용반류 • 수각류

후쿠이랍토르의 전신 골격

후쿠이랍토르 4.2m
Fukuiraptor 후쿠이(일본 지명)의 도둑   육식
일본에서 처음으로 전신 골격을 복원한 육식 공룡입니다. 앞발의 발톱을 무기로 먹잇감을 공격했을 것입니다.

아에로스테온 9m
Aerosteon 공기의 뼈   육식
몸에는 깃털이 있고 현존하는 조류처럼 폐 뒤쪽에 공기주머니가 있었습니다.

아우스트랄로베나토르 6m
Australovenator 남쪽 사냥꾼   육식
큰 앞발에 커다란 세 개의 발톱이 달렸습니다. 호주에서 처음으로 완전한 전신 골격 화석을 발견했습니다.

후쿠이랩터 일본
아우스트랄로베나토르 호주
아에로스테온 아르헨티나

크기 체크
후쿠이랍토르
아에로스테온   아우스트랄로베나토르

초식 공룡   육식 공룡

고바야시 박사의 그령구네 칼럼

티라노사우루스의 진화 (고바야시 요시쓰구 박사)

티라노사우루스류는 쥐라기 시절의 프로케라토사우루스부터 백악기 말기 공룡이 멸종할 때까지 생존했던 슈퍼 육식 공룡 티라노사우루스에 이르기까지 약 1억 년 동안 진화했습니다.

아시아에서 발견한 원시적인 티라노사우루스류

▲딜롱

▲구안롱

지금 볼 수 있는 가장 원시적인 티라노사우루스류는 유럽에서 발견한 프로케라토사우루스로 1억 6천만 년 이전의 쥐라기 지층에서 화석을 발견했습니다. 유럽에서는 백악기 전기에 번성했던 에오티라누스도 발견했습니다. 아시아에서는 몸에 깃털이 있던 딜롱과 볏이 달렸던 구안롱 등 원시적인 티라노사우루스류를 발견했습니다.

이들 화석으로 원시적인 티라노사우루스류는 유럽과 아시아에서 진화한 것으로 보고 있습니다. 더욱이 애팔래치오사우루스 같은 티라노사우루스류는 북미 대륙으로도 진출했습니다.

백악기 중기에 바다가 넓어지면서 북미 대륙은 라라미디아와 애팔래치아로 갈라집니다. 그리고 백악기 후기인 9,000만~8,200만 년 전, 라라미디아 북부에서 진화형 티라노사우루스가 나타났습니다. 진화형 티라노사우루스류 중에서도 한층 원시적이었던 고르고사우루스, 알베르토사우루스, 그리고 다스플레토사우루스는 라라미디아 북부에서 발견했습니다.

그 뒤로 티라노사우루스류는 라라미디아 남부로 퍼져서 티라토포네우스, 비스타히에베르소르, 그리고 리트로낙스로 나뉘었습니다.

백악기 후기에는 바다가 후퇴하면서 육지가 다시 넓어졌습니다. 티라노사우루스류는 라라미디아 전체로 퍼졌고, 베링 육교를 통해 아시아로 건너왔습니다. 이때 조각류와 하드로사우루스류도 아시아로 건너왔습니다. 육식 공룡은 사냥감인 초식 공룡과 함께 이동했습니다. 아시아에는 티라노사우루스와 매우 흡사한 타르보사우루스가 나타났습니다.

백악기 말기에는 라라미디아에서 슈퍼 육식 공룡인 티라노사우루스(티라노사우루스 렉스)가 등장하여 6,600만 년 전 공룡이 멸종할 때까지 번성했습니다.

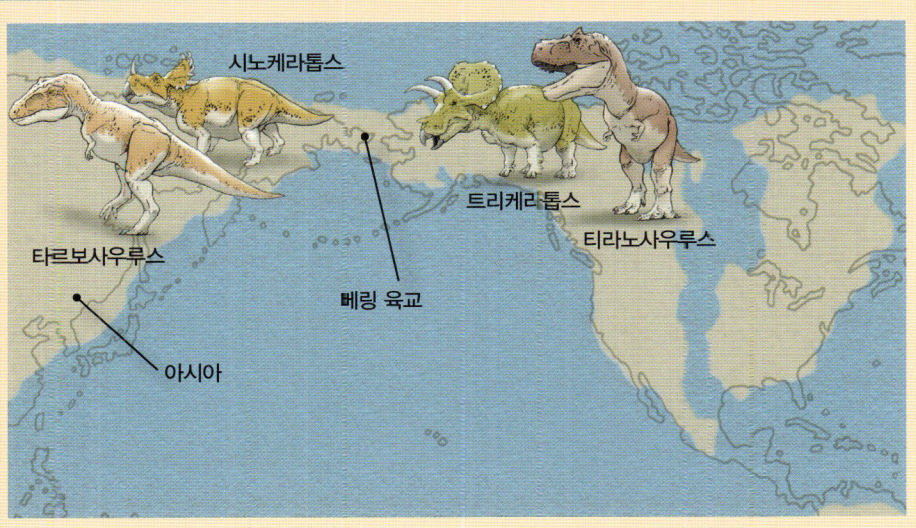

고바야시 박사의 그렇구나! 칼럼

티라노사우루스 대해부! (고바야시 요시쓰구 박사)

백악기 후기부터 6,600만 년 전 공룡이 멸종하기까지 최강의 육식 공룡으로 군림했던 티라노사우루스. 몸길이가 12m나 됐을 뿐만 아니라 몸무게와 머리 크기도 다른 육식 공룡을 압도했어. 육식 공룡을 뛰어넘는 슈퍼 육식 공룡인 셈이야!

슈퍼 육식 공룡! 티라노사우루스

티라노사우루스는 몸길이 12m, 체중 7t이 넘는 거대한 육식 공룡이었습니다. 턱에는 커다란 이빨이 무수히 나 있어, 티라노사우루스의 이빨이 무엇보다 강력한 무기였음을 알 수 있습니다. 턱이 무는 힘은 8t이나 되었습니다.

티라노사우루스는 사냥했을 뿐만 아니라 죽은 동물을 먹기도 했습니다. 몸이 너무 커서 빠르게 달릴 수 없었는데, 최대 속도가 시속 28km였다는 설이 가장 유력합니다. 또한, 냄새를 감지하는 뇌 부분이 커서, 죽은 고기를 찾아 먹는 콘도르류와 흡사하다고 봅니다.

하지만 최근 연구로 티라노사우루스의 뛰어난 후각이 육식 공룡으로서 갖고 있는 능력을 한층 업그레이드시켰다는 것을 알았습니다. 예민한 후각으로 사냥감이 멀리 있어도 찾아낼 수 있었고 어둠 속에서 휴식을 취하던 사냥감의 숨통을 강력한 턱으로 끊어 놓기도 했습니다. 이렇게 육식 공룡을 뛰어넘는 위력을 가진 슈퍼 육식 공룡이 바로 티라노사우루스였습니다.

▶미국 시카고 필드 박물관에서 소장한 티라노사우루스의 전신 골격. 애칭은 '수'지요. 지금까지 발견한 것 중에서 가장 큰 티라노사우루스의 전신 골격입니다.

◀◀티라노사우루스의 이빨은 톱니처럼 삐쭉삐쭉합니다.

▲새끼 티라노사우루스의 몸에는 깃털이 있었다는 설도 있습니다.

다 자란 티라노사우루스와 나노티라누스의 전신 골격

▲ 나노티라누스(5m)

▲ 다 자란 티라노사우루스(12m)

티라노사우루스의 성장

티라노사우루스는 다 자란 성체와 새끼인 유체의 몸 구조 자체가 많이 다릅니다. 다 자란 티라노사우루스(12m)와 나노티라누스(5m)의 전신 골격을 비교해 볼까요? 나노티라누스를 현재 티라노사우루스의 유체로 보고 있는데, 이 화석으로 어린 티라노사우루스의 골격을 추측할 수 있습니다. 둘을 비교하면 나노티라누스는 성체 티라노사우루스보다 뼈가 가늘고 다리도 몸에 비해 긴 편입니다. 몸이 가벼워서 제법 빨리 달렸을 것입니다. 티라노사우루스는 12살부터 급격히 몸이 자랐습니다. 성체가 될수록 온몸의 뼈가 단단하고 두꺼워졌고 머리뼈도 매우 거대해졌습니다.

1995년에 캐나다에서 거대한 똥 화석을 발견했습니다. 길이 44cm, 무게만 7.1kg이나 되는, 지금까지 발견한 똥의 두 배가 넘는 무시무시한 크기였죠. 게다가 이 똥 화석에는 각룡류의 프릴로 보이는 뼈 파편이 다수 들어 있었습니다. 이 똥을 눈 공룡은 먹잇감을 뼈째 씹어먹었습니다. 똥 크기와 먹잇감으로 볼 때 학자들은 이 똥을 티라노사우루스의 것으로 보고 있습니다.

◀ 트리케라톱스를 쫓는 어린 티라노사우루스.

티라노사우루스의 똥 화석으로 조반류 공룡의 새끼를 뼈째 부숴 먹었음을 추측할 수 있습니다.

오르니토미무스류 ①

🔶 **고바야시 박사의 포인트**

'타조 공룡'이라고 부르는 오르니토미무스류는 별명처럼 타조와 매우 닮았어. 긴 목에 작은 머리, 부리처럼 생긴 길고 좁은 입 끝을 지녔거든. 작은 이빨이 난 공룡도 있었지만, 진화한 오르니토미무스류는 이빨이 전혀 없었어. 수각류지만 대부분 육식성이 아닌 식물을 먹는 초식성이었어. 또 타조처럼 발이 빨라서 백악기의 대지를 맹렬한 속도로 달렸을 거야.

용반류 • 수각류

스트루티오미무스의 화석

초식 공룡　육식 공룡

스트루티오미무스 ←3m
Struthiomimus 타조를 닮은 공룡 초식

길고 강력한 뒷발로 타조처럼 빨리 달릴 수 있었는데, 시속 50~80km의 속도까지 낼 수 있었습니다. 입에는 이빨이 없었으며, 부리로 식물을 먹었습니다.

서식 기간: 트라이아스기 / 쥐라기 / 백악기

시노르니토미무스 2m
Sinornithomimus 새를 닮은 공룡 초식

세 개의 발톱이 달린 길고 가는 발가락과 긴 목이 특징입니다. 부리에는 이빨이 없어 식물을 먹는 데 적합했습니다.

서식 기간: 트라이아스기 / 쥐라기 / 백악기

크기 체크: 스트루티오미무스 / 시노르니토미무스

시노르니토미무스는 집단 화석을 발견했기에 무리로 행동했으리라 추측합니다.

오르니토미무스류 ②

용반류 • 수각류

오르니토미무스의 전신 골격

오르니토미무스 3.8~4.8m
Ornithomimus 새를 닮은 공룡 초식

타조와 매우 흡사한 골격에 긴 다리를 가진 것을 볼 때 매우 발이 빠른 공룡이었을 것입니다. 부리가 있는 것으로 보아, 초식성으로 추측합니다. 몸에는 깃털이 있었습니다.

서식 기간 | 트라이아스기 | 쥐라기 | 백악기

고바야시 박사의 그렇구나! 칼럼

커다란 새를 닮은 공룡

고생물학자인 오스니엘 찰스 마시는 연구하던 일부 손과 발 화석이 새의 뼈와 매우 흡사하다는 점에서 이 화석을 오르니토미무스(Ornithomimus=새를 닮은 공룡)라고 이름 지었습니다.
오르니토미무스의 완전한 골격을 발견하여 작은 머리에 긴 목, 긴 뒷다리를 가진 타조처럼 몸집이 커서 하늘을 날지 못하는 새와 매우 닮았다는 사실을 알았습니다.

초식 공룡 육식 공룡

고바야시 박사의 그렇구나! 칼럼

깃털이 있던 타조 공룡

캐나다 서부 앨버타주에 있는 7,500만 년 전 지층에서 발견한 세 마리의 오르니토미무스 화석에는 깃털의 흔적이 있었습니다. 그중 성체(다 자란 공룡) 화석의 앞발에는 날개 흔적도 있었습니다. 한편 유체(새끼 공룡) 화석에는 체온을 유지하기 위한 깃털만 있었을 뿐 날개의 흔적은 없었기에 성장하면서 날개가 생긴 것으로 추측하고 있습니다.

하늘을 나는 것뿐만 아니라 암컷을 유혹하고 알을 품는 데 날개를 썼을 가능성이 있습니다.

오르니토미무스류는 초식 공룡이라, 육식 공룡에게서 도망치려고 달렸을 것으로 추측하고 있습니다

오르니토미무스류 ③

용반류 • 수각류

몸에는 깃털이 났기에 앞발에 날개가 있었을지도 모릅니다.

앞발은 2.4m로, 25cm나 되는 긴 발톱이 있었습니다.

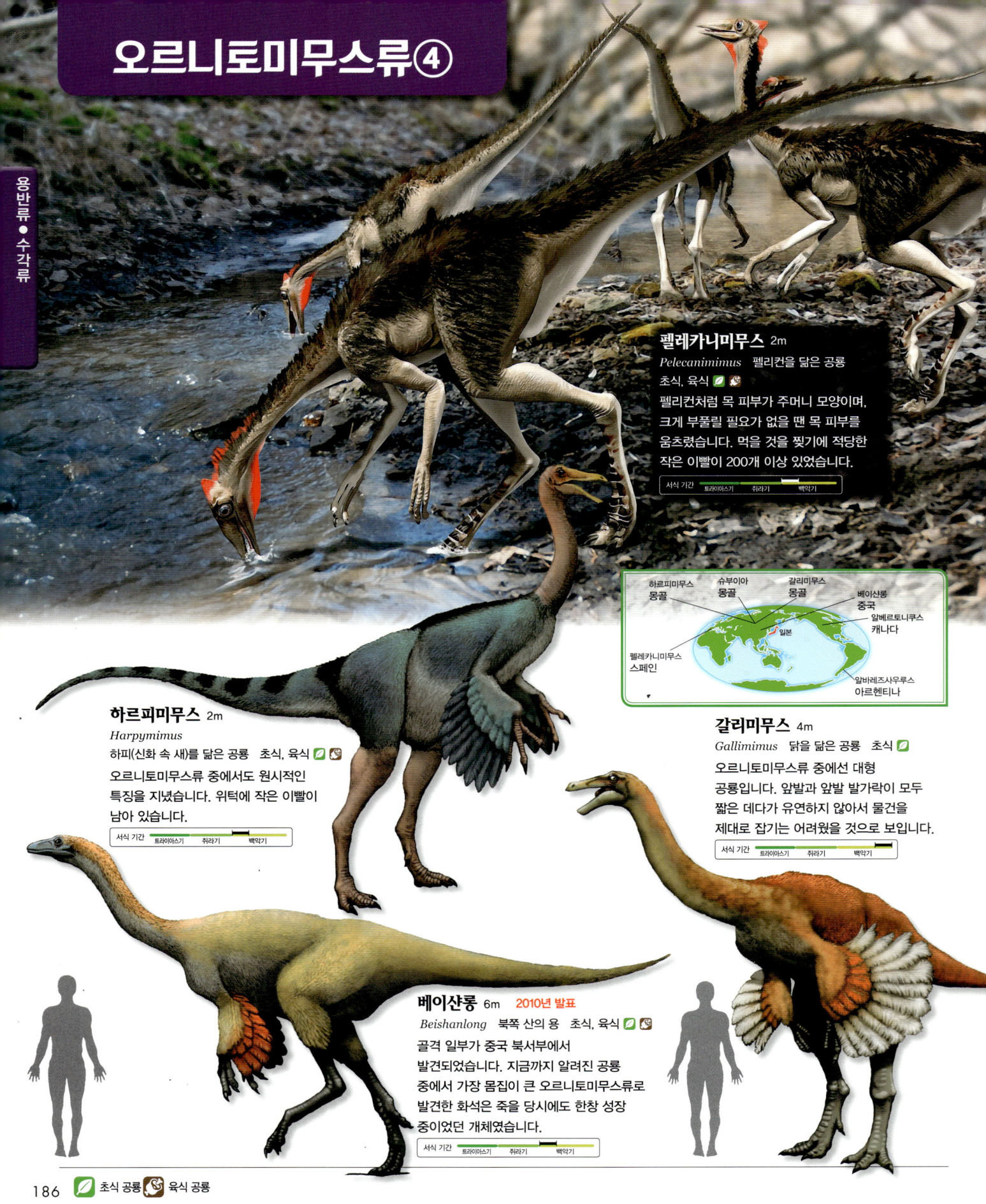

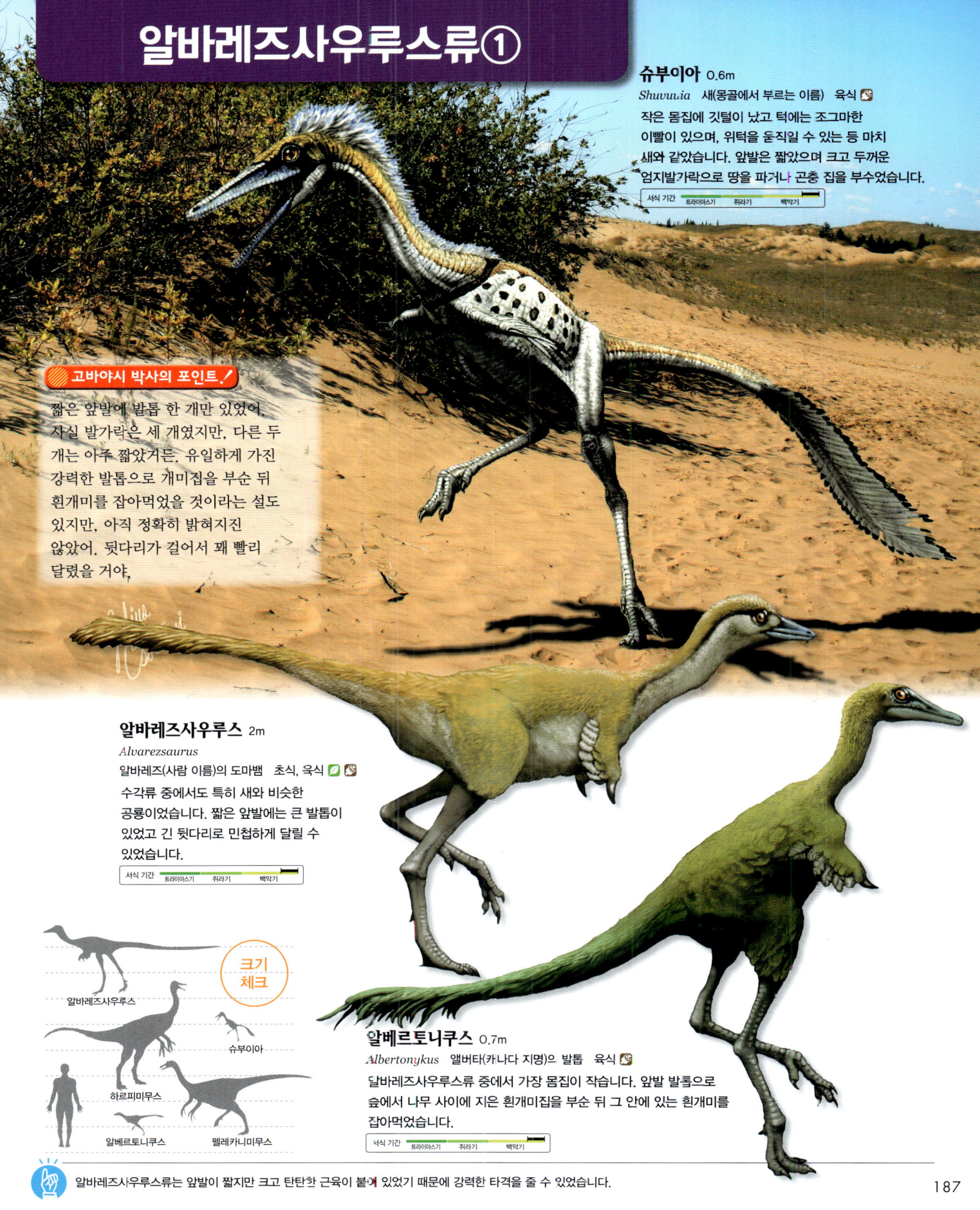

알바레즈사우루스류 ②

하플로케이루스 2m　2010년 발표
Haplocheirus　단순한 손　초식, 육식
알바레즈사우루스류로 가장 오래된 시대의 화석을 발견했습니다. 짧은 앞발에는 날개가 있어서 새와 같은 특징을 지녔습니다. 이빨이 작으며, 도마뱀과 작은 포유류를 잡아먹었습니다.

서식 기간: 트라이아스기 / 쥐라기 / 백악기

케라토니쿠스 0.5~2m
Ceratonykus　뿔이 달린 발톱　육식
몸에는 깃털이 있었고 짧은 앞발에 난 발톱이 두껍고 컸던 점이 특징입니다. 긴 뒷다리는 사막을 뛰어다니는 데 적합했습니다. 가슴 근육이 발달하여 물체를 찢거나 땅을 파는 능력이 뛰어났던 것으로 추측합니다.

서식 기간: 트라이아스기 / 쥐라기 / 백악기

린허니쿠스 1m　2011년 발표
Linhenykus　린허(중국 지명)의 발톱　육식
화식조 정도의 몸무게로 앞발 발가락이 한 개밖에 없었습니다. 갈고리 발톱을 이용해 땅을 파 땅속에 있는 벌레를 잡아먹었습니다.

서식 기간: 트라이아스기 / 쥐라기 / 백악기

모노니쿠스 1m
Mononykus　한 개의 발톱　육식
한 개의 발톱이 달린 짧은 앞발은 땅을 파는 데 적합했습니다. 식성은 정확히 알려지지 않았으나, 앞발로 개미집을 부수어 흰개미를 먹었을 것이라는 설이 있습니다.

서식 기간: 트라이아스기 / 쥐라기 / 백악기

지도 분포:
- 모노니쿠스 - 몽골
- 케라토니쿠스 - 몽골, 중국
- 린허니쿠스 - 중국
- 하플로케이루스 - 중국
- 팔카리우스 - 미국
- 노트로니쿠스 - 미국
- 베이피아오사우루스 - 중국
- 지엔찬고사우루스 - 중국

고바야시 박사의 그렇구나! 칼럼

깃털 공룡의 몸은 따뜻했다?

공룡은 기온이 내려가면 체온도 내려가는 외온성 동물이었을까요? 아니면 포유류나 조류처럼 추위도 몸은 따뜻한 내온성 동물이었을까요? 지금까지 작은 육식 공룡은 내온성이라는 가설이 있었습니다. 최근에 시노사우롭테릭스를 비롯한 깃털 공룡들을 발견하면서 소형 수각류가 내온성이었다는 결정적인 증거를 찾았습니다. 깃털은 몸에서 만든 열을 외부에 빼앗기지 않게 하는 데 도움을 주었을 것입니다. 현재는 공룡의 성장이 빠르다는 점과 추운 기후에서도 공룡이 살았던 점을 바탕으로 깃털 공룡 외의 다른 공룡도 내온성이었다는 의견도 나오고 있습니다. 더욱이 공룡뿐만 아니라 익룡 같은 파충류도 내온성 동물이었을지 모른다는 설까지 나오는 중입니다.

용반류 • 수각류

초식 공룡　육식 공룡

고바야시 박사의 공룡구내 칼럼

테리지노사우루스류와 각룡류

테리지노사우루스와 데이노케이루스가 살았던 아시아에는 오비랍토르 같은 작은 깃털 공룡과 하드로사우루스류 같은 초식 공룡은 있었습니다. 하지만 트리케라톱스 같은 거대한 각룡류는 아직 발견하지 못했습니다. 각룡류 대신, 아시아에서 가장 큰 몸집을 자랑하며 번성했던 공룡이 바로 테리지노사우루스류입니다.

미국에서 각룡류가 큰 뿔로 티라노사우루스에게서 몸을 지켰다면, 아시아에서는 테리지노사우루스가 강력하면서도 긴 앞발 발톱으로 타르보사우루스 같은 육식 공룡과 싸웠을 것입니다.

깃털 공룡에서 새로

1996년 시노사우롭테릭스를 발견한 이래, 수많은 깃털 공룡을 발견했습니다. 깃털이 있을 뿐만 아니라, 날개로 활공했던 공룡도 있었습니다. 그리고 현재의 조류를 일부 깃털 공룡이 진화한 수각류의 한 그룹으로 생각하고 있습니다.

▲미크로랍토르 화석. 뒷다리에도 날개가 있었습니다.

하늘을 날던 공룡

앞다리뿐만 아니라 뒷다리에도 날개가 있던 깃털 공룡, 미크로랍토르가 발견되었습니다. 새는 날개가 두 장밖에 없지만, 미크로랍토르는 네 장의 날개가 있었습니다. 모든 날개에 칼깃이 있어, 나무 사이를 활공했던 것으로 추측합니다.

깃털의 진화

깃털 공룡을 발견하면서 깃털이 어떻게 진화했는지 알 수 있었습니다. 처음에는 시노사우롭테릭스의 털과 비슷했습니다. 체온을 빼앗기지 않도록 마치 사람이 입는 옷처럼 온몸을 뒤덮었습니다. 털은 밑동부터 갈라지면서 복잡한 형태로 변했습니다. 조금씩 현재의 깃털 모양으로 바뀌면서 암컷을 유혹하거나 알을 품는 데 사용했습니다. 깃털은 점점 진화하여 미크로랍토르나 시조새가 가진 깃털처럼 칼깃이 되어 깃털 공룡이 하늘을 날 수 있게 됩니다. 이렇게 하늘로 활동 영역을 옮긴 조류는 크게 번성할 수 있었습니다.

깃털의 진화

 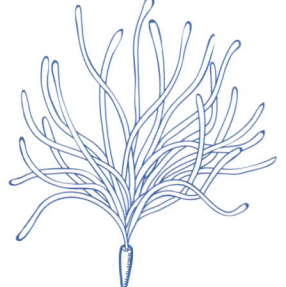 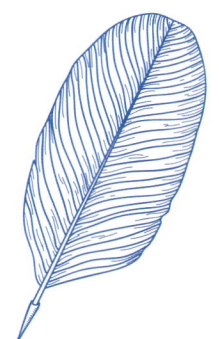 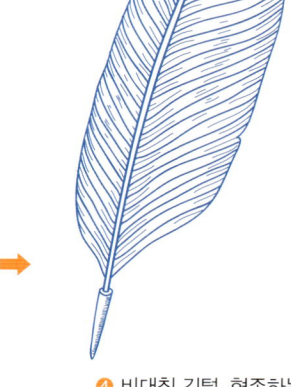

❶ 비늘에서 발달한 원시 깃털
❷ 밑동이 갈라진 오리털 모양의 깃털
❸ 현재의 새의 것과 거의 비슷한 깃털
❹ 비대칭 깃털. 현존하는 새의 것과 같은 형태

▲시노사우롭테릭스

▲미크로랍토르

다양한 공룡의 알

공룡은 땅에 둥지를 만들어, 그 안에 알을 낳았습니다. 알들은 새의 알처럼 껍질이 약해 깨지기 쉬웠습니다. 알 표면은 꺼칠꺼칠하거나 주름이 있는 등 공룡의 종류에 따라 달랐습니다. 알은 몸 크기와 비교할 때 작은 것이 많았습니다. 수십 미터나 되는 대형 공룡이 낳은 알도 대부분은 소프트볼에서 축구공 정도의 크기였습니다.

둥근 알들이 10여 개 모여 있는 보존된 화석입니다. 이렇게 공처럼 생긴 알 화석은 하드로사우루스류나 용각류, 테리지노사우루스류의 것이 많지만, 태아(알 속의 새끼) 화석 같은 증거가 없으면, 정확히 어떤 공룡의 것인지는 알 수가 없습니다.

작은 수각류의 둥지로 보입니다. 현존하는 새의 알처럼 한쪽 끝이 뾰족하면서 좁고 긴 형태입니다.

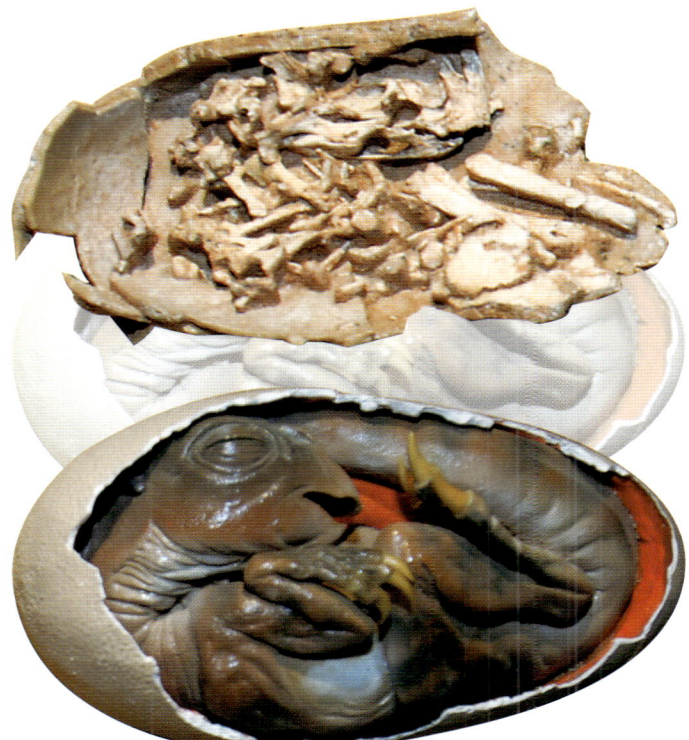

알 안에 새끼 공룡의 화석이 있습니다. 발견했을 때는 각룡인 프로토케라톱스의 알이라고 추측했으나, 새끼 화석을 발견하면서 오비랍토르의 알임을 밝혀냈습니다.

용각류인 티타노사우루스류의 알을 달걀과 비교한 사진입니다. 공룡이 낳은 알은 축구공 정도의 크기였습니다.

오비랍토르류 ①

고바야시 박사의 포인트!

백악기에 번성했던 수각류 그룹이지만, 대부분은 초식성이었어! 닭처럼 작은 종류부터 타조보다 큰 종류까지 있었는데, 전부 깃털이 났었어. 골격도 새와 비슷했어.

용반류 • 수각류

고바야시 박사의 그렇구나! 칼럼

오비랍토르~알을 따뜻하게 품은 공룡~

1990년대, 고비 사막에서 알이 든 둥지를 덮고 있는 자세를 한 화석을 발견했습니다. 오비랍토르류 화석으로 새처럼 알을 따뜻하게 품었던 것으로 추측합니다. 거기에 뼈에 든 칼슘양을 조사하니 알을 품고 있던 건 수컷이었습니다. 이는 조류에서 흔히 볼 수 있는 행동으로, 오비랍토르류 같은 일부 공룡은 현존하는 새처럼 부모의 체온으로 알을 따뜻하게 하고, 부화한 새끼를 천적으로부터 보호했던 것입니다. '알 도둑'이라는 이름을 가진 공룡이 사실은 알을 따뜻하게 해 주었던 셈이지요.

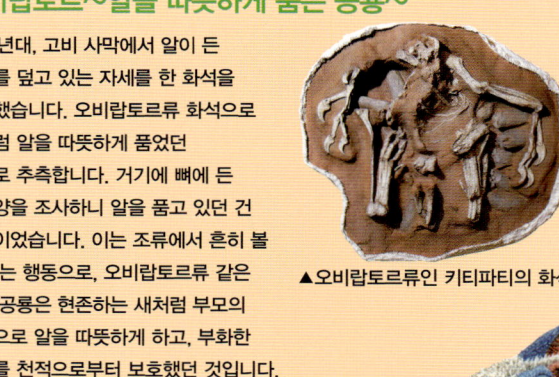

▲오비랍토르류인 키티파티의 화석

카우딥테릭스 1m
Caudipteryx 털이 난 날개 초식

꼬리 끝에 부채처럼 생긴 깃털이 있었습니다. 이는 수컷이 암컷을 유혹하기 위한 용도로 사용했을 것으로 보입니다. 앞다리의 날개는 몸 크기에 비해 작아, 하늘을 날지는 못했습니다. 화석으로 남은 위에서는 '위석'도 발견했습니다.

서식 기간: 트라이아스기 쥐라기 **백악기**

키티파티 2.1m
Citipati 키티파티(티베트 불교의 죽음의 신) 초식

고비 사막에서 발견한 화석은 둥지 안에서 알을 품고 있는 듯한 자세였습니다. 몸집이 더 큰 수컷이 알을 품었을 가능성이 있습니다. 이와 같이 새처럼 암컷과 수컷이 일을 나누어 하는 습성이 공룡 시기부터 이미 있었던 것으로 추측합니다.

서식 기간: 트라이아스기 쥐라기 **백악기**

오비랍토르 2m
Oviraptor 알 도둑 초식

머리에 커다란 볏이 있었습니다. 위턱에는 한 쌍의 이빨이 있어서, 부리와 이빨로 나무 열매를 먹었습니다. 오비랍토르와 알을 함께 발견하여 원래 오비랍토르가 프로토케라톱스의 알을 훔쳐 먹었던 것으로 생각했지만, 지금은 자신의 알을 품고 있던 모습이라고 추측하고 있습니다.

서식 기간: 트라이아스기 쥐라기 **백악기**

프로트아르케옵테릭스 2m
Protarchaeopteryx 원시 시조새 초식

시조새보다 나중에 생긴 지층에서 화석을 발견했지만, 시조새보다 원시적인 특징을 지녔습니다. 꼬리 끝과 앞다리에는 깃털이 있었습니다.

서식 기간: 트라이아스기 쥐라기 **백악기**

크기 체크

키티파티 / 오비랍토르 / 카우딥테릭스 / 프로트아르케옵테릭스

🌿 초식 공룡 🐾 육식 공룡

기간토랍토르 8m 2007년 발표
Gigantoraptor 거대한 도둑 초식

소형 공룡이 많은 오비랍토르류 중에서 최대 크기입니다. 이빨이 없는 딱딱한 부리와 커다란 발톱을 가지고 있습니다. 몸에는 깃털이 났던 것으로 추측합니다. 몸높이가 5m나 됐는데, 티라노사우루스에 뒤지지 않는 크기였습니다.

| 서식 기간 | 트라이아스기 | 쥐라기 | 백악기 |

발견한 기간토랍토르 화석은 아직 성장 중인 개체였기에 실제로는 8m보다 더 컸을 가능성이 있습니다.

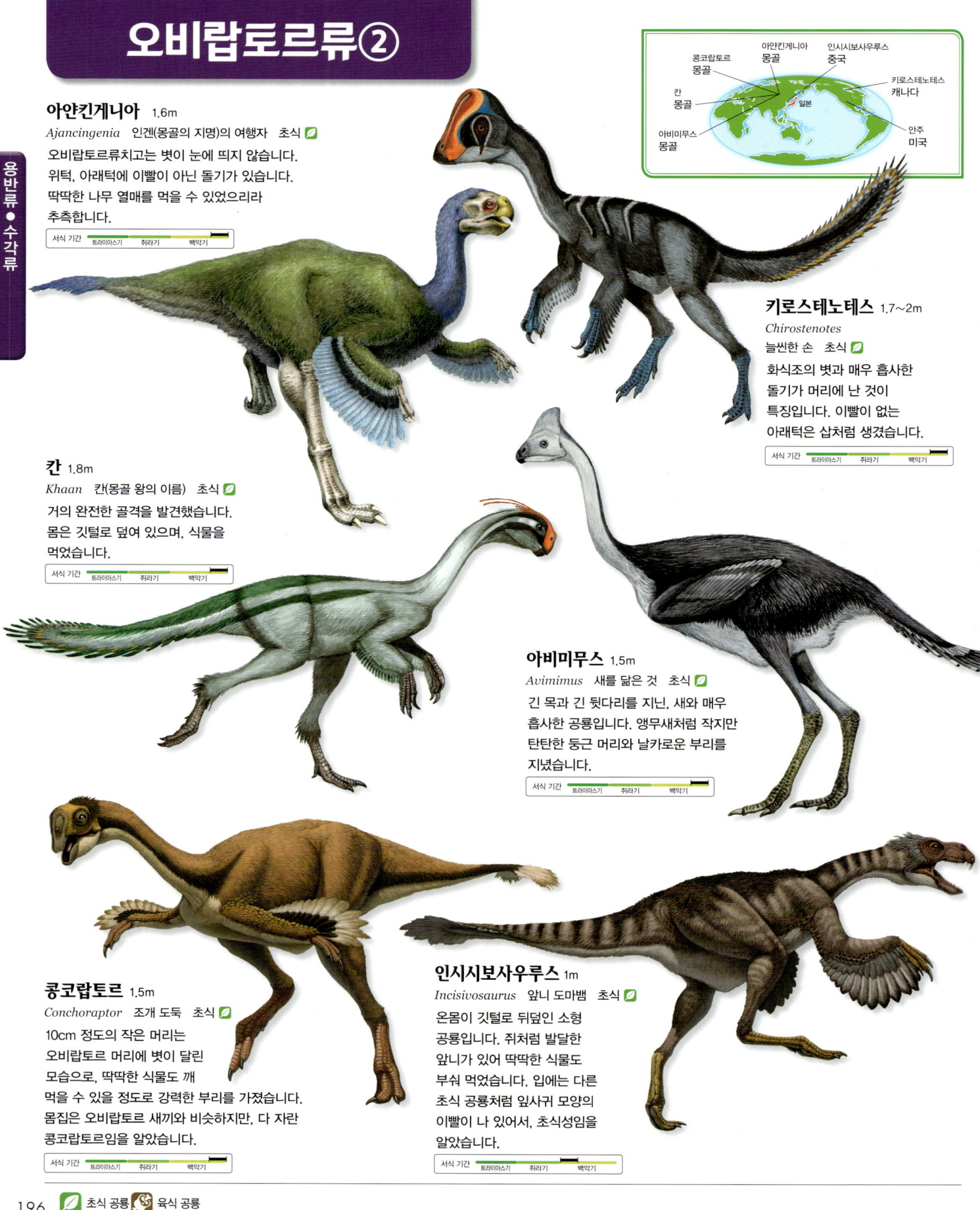

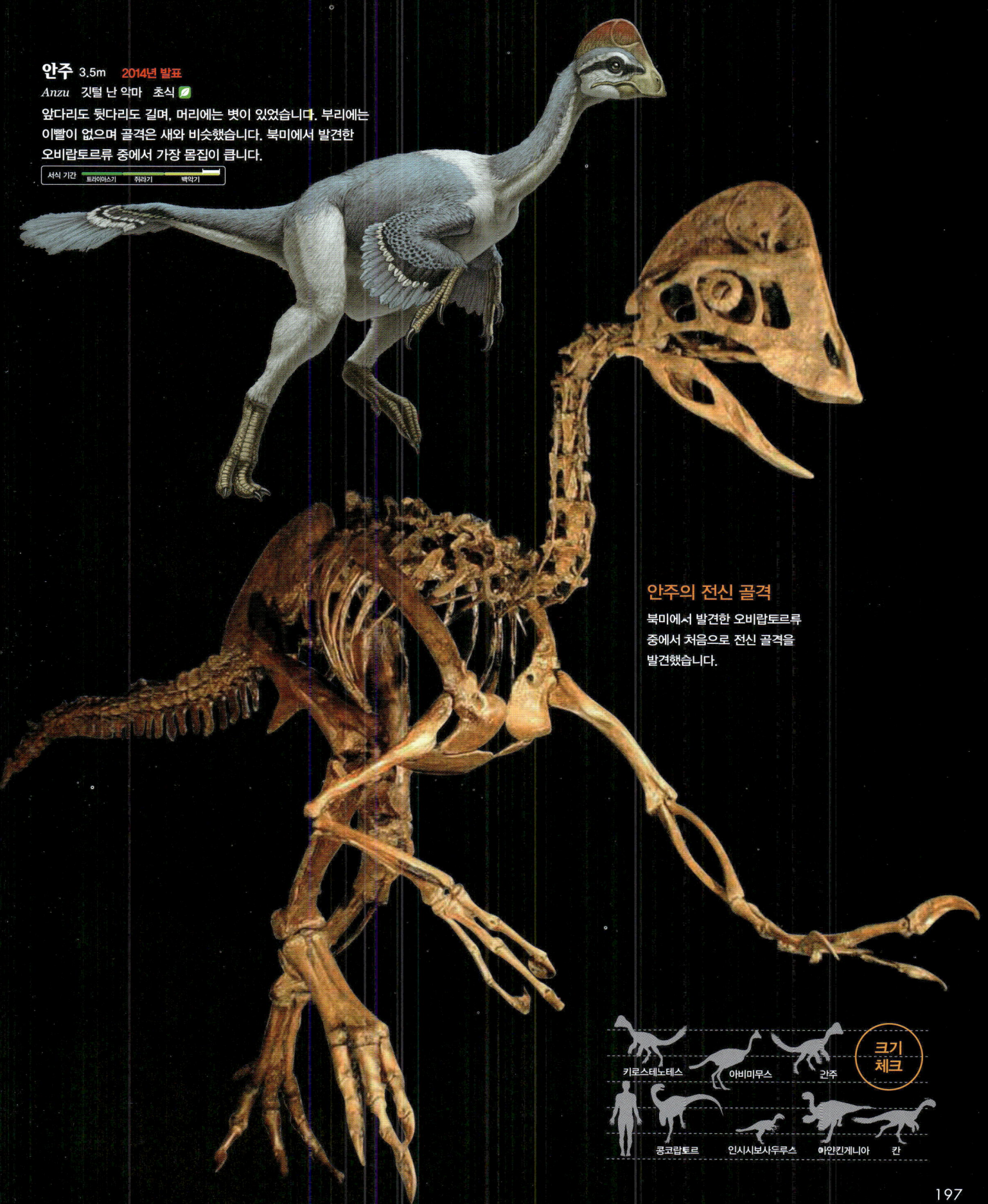

안주 3.5m 2014년 발표
Anzu 깃털 난 악마 초식

앞다리도 뒷다리도 길며, 머리에는 볏이 있었습니다. 부리에는 이빨이 없으며 골격은 새와 비슷했습니다. 북미에서 발견한 오비랍토르류 중에서 가장 몸집이 큽니다.

안주의 전신 골격
북미에서 발견한 오비랍토르류 중에서 처음으로 전신 골격을 발견했습니다.

용반류 ● 수각류

스칸소리옵테릭스류

고바야시 박사의 포인트!

스칸소리옵테릭스류는 나무 위에서 살며 그 사이를 활공했을 거야. 2015년에 발표한 '이'는 긴 발가락과 몸 사이에 붙은 막으로 활공했을 것으로 추측하고 있어. 긴 발가락을 지닌, 좀 괴상하게 생긴 공룡인 셈이지.

이 0.6m 2015년 발표
Yi 기묘한 날개 초식

긴 발가락뿐만 아니라 발목에서도 긴 뼈가 쭉 뻗어 있었습니다. 비막(飛膜, 날개 없이 날아갈 때 쓰는 막)이 있어 활공했을 것으로 추측합니다. 온몸은 깃털로 뒤덮였고 비막을 가진 진귀한 공룡입니다.

서식 기간: 트라이아스기 / 쥐라기 / 백악기

에피덱시프테릭스 0.45m
Epidexipteryx 장식이 있는 깃털 초식

전 세계에서 처음으로 장식 깃을 확인한 화석입니다. 주둥이 앞쪽에만 이빨이 있으며, 긴 앞가니 밖으로 툭 튀어나왔습니다. 골격은 스칸소리옵테릭스와 매우 비슷합니다.

서식 기간: 트라이아스기 / 쥐라기 / 백악기

스칸소리옵테릭스 0.16m
Scansoriopteryx 오르는 날개 초식

앞발의 세 번째 발가락이 매우 긴 것이 특징입니다. 뒷발의 발가락은 나뭇가지를 움켜쥘 수 있게 생겼습니다. 나무 위에서 생활했을 것으로 추측합니다. 에피덴드로사우루스와 같은 종으로 보고 있습니다.

서식 기간: 트라이아스기 / 쥐라기 / 백악기

크기 체크

스칸소리옵테릭스 - 중국
에피덱시프테릭스 - 중국
이 - 중국

초식 공룡 육식 공룡

트로오돈류 ①

🔸 **고바야시 박사의 포인트**

긴 뒷발과 그다지 길지 않은 앞발을 가진 늘씬한 몸매의 소형 수각류야. 대부분은 이빨이 뾰죽뾰죽하지 않아서, 고기보다는 식물이나 곤충 같은 작은 동물을 먹었을 가능성이 커. 몸 크기에 비해 뇌가 큰 것으로 유명하지!

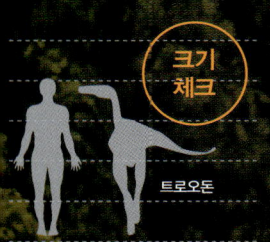
트로오돈

트로오돈 2m
Troodon 구부러진 이빨 육식

몸 크기에 비해 뇌가 컸기에 매우 똑똑했을 것으로 추측하고 있습니다. 앞을 향한 커다란 두 눈으로 사물을 입체적으로 볼 수 있었으며 사냥감과의 거리도 정확히 가늠할 수 있었습니다.

서식 기간: 트라이아스기 쥐라기 백악기

Q&A Q. 공룡과 새의 깃털은 같나요? A. 공룡의 깃털은 복잡하게 진화했습니다. 아마 새와 거의 비슷한 깃털을 지닌 공룡도 있었을 것입니다.

트로오돈류 ②

고바야시 박사의 그렇구나! 칼럼

잠든 채로 화석이 된 공룡, 메이를 발견하다

메이
육식 공룡 몸길이 50cm

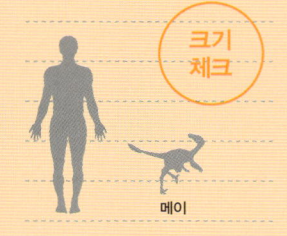

크기 체크

메이

메이 0.5m
Mei 조용히 잠들다 초식, 육식

집오리 크기의 트로오돈. 공룡과 조류와의 관계를 연구하던 와중에 이 화석의 발견은 매우 뜻깊었습니다.

서식 기간 트라이아스기 쥐라기 백악기

중국 랴오닝성에서 바짝 마른 소형 수각류 화석을 발견했습니다. 앞발과 뒷발을 접고 목을 구부린 채, 머리를 앞발 사이에 집어넣고 몸을 둥글게 만 상태의 화석이었습니다. 이 모습은 현재의 새가 휴식을 취하는 모습과 비슷한데, 몸의 표면적을 최대한 줄여서 열이 빠져나가는 것을 막아 체온을 유지하는 데 효과가 있는 동작입니다. 잠든 모습 그대로 화석이 된 공룡인 메이의 발견은 트로오돈이나 드로마에오사우루스류가 체온이 따뜻한 공룡이었을 가능성을 나타냅니다. 또한, 조류가 공룡이었다는 가설을 뒷받침하는 증거 중 하나입니다.

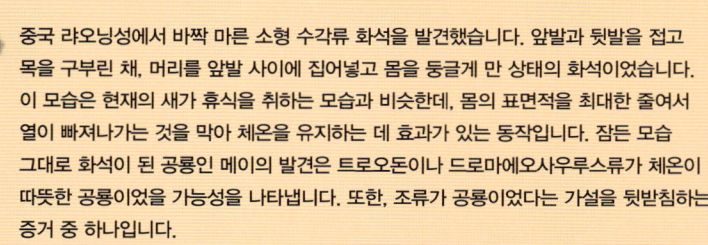

진펭고프테릭스 0.55m
Jinfengopteryx 황금색 불사조 육식

작은 날개를 지닌 공룡으로, 몸의 광범위한 부분을 덮고 있던 깃털도 화석으로 발견되었습니다. 화석에는 죽기 전에 먹은 것으로 보이는 작은 동전 모양의 씨앗도 남아 있었습니다.

서식 기간 트라이아스기 쥐라기 백악기

시노베나토르 1m
Sinovenator 중국의 사냥꾼 육식

긴 뒷발 발목에 발톱이 있었으며, 짧은 앞발에는 날개가 있었지만 날지는 못했습니다. 트로오돈과 비교하면 이빨이 작아, 곤충이나 작은 동물을 잡아먹었을 것으로 보입니다.

서식 기간 트라이아스기 쥐라기 백악기

초식 공룡   육식 공룡

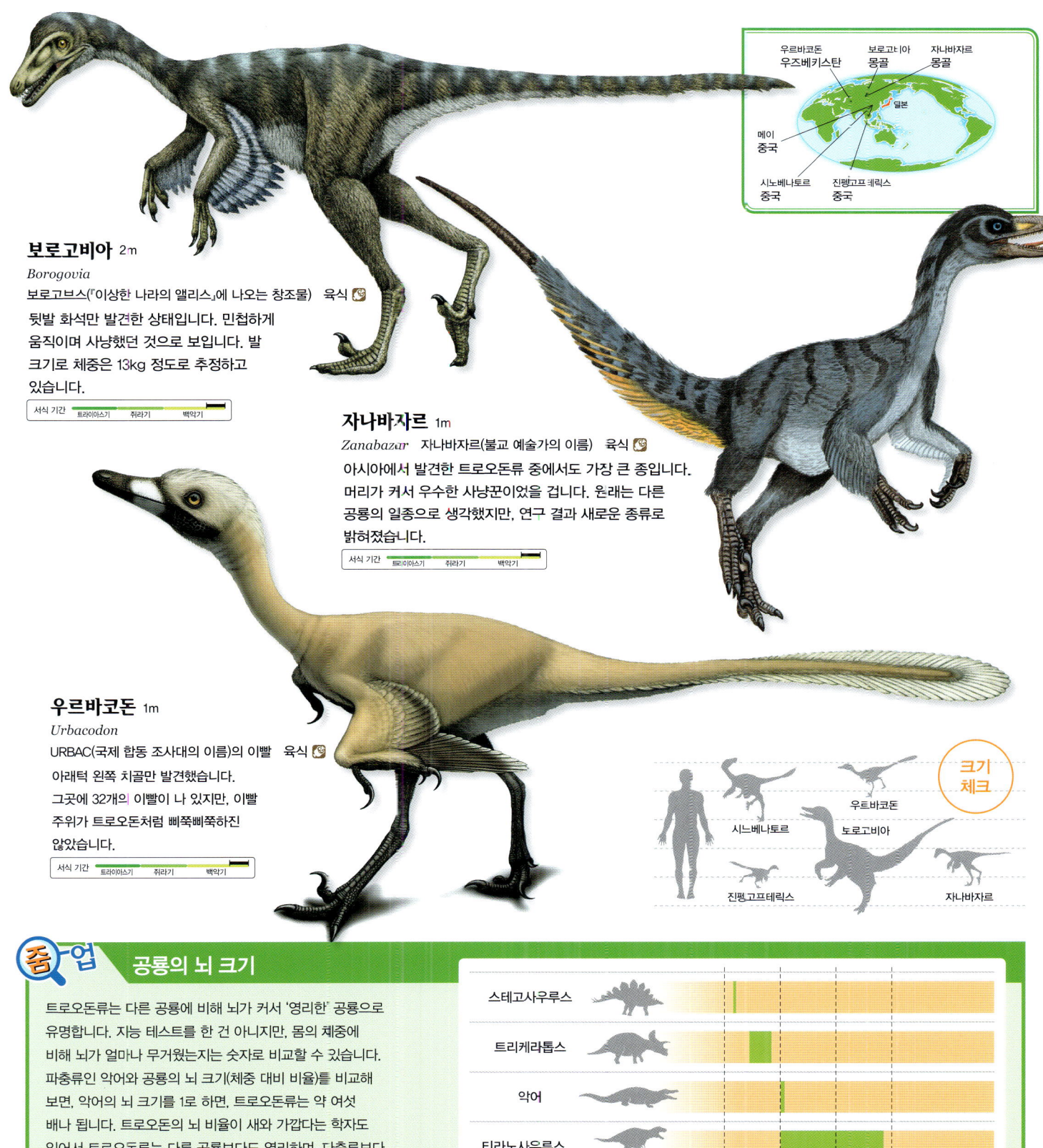

보로고비아 2m
Borogovia
보로고브스(『이상한 나라의 앨리스』에 나오는 창조물) 육식
뒷발 화석만 발견한 상태입니다. 민첩하게 움직이며 사냥했던 것으로 보입니다. 발 크기로 체중은 13kg 정도로 추정하고 있습니다.

자나바자르 1m
Zanabazar 자나바자르(불교 예술가의 이름) 육식
아시아에서 발견한 트로오돈류 중에서도 가장 큰 종입니다. 머리가 커서 우수한 사냥꾼이었을 겁니다. 원래는 다른 공룡의 일종으로 생각했지만, 연구 결과 새로운 종류로 밝혀졌습니다.

우르바코돈 1m
Urbacodon
URBAC(국제 합동 조사대의 이름)의 이빨 육식
아래턱 왼쪽 치골만 발견했습니다. 그곳에 32개의 이빨이 나 있지만, 이빨 주위가 트로오돈처럼 삐쭉삐쭉하진 않았습니다.

공룡의 뇌 크기

트로오돈류는 다른 공룡에 비해 뇌가 커서 '영리한' 공룡으로 유명합니다. 지능 테스트를 한 건 아니지만, 몸의 체중에 비해 뇌가 얼마나 무거웠는지는 숫자로 비교할 수 있습니다. 파충류인 악어와 공룡의 뇌 크기(체중 대비 비율)를 비교해 보면, 악어의 뇌 크기를 1로 하면, 트로오돈류는 약 여섯 배나 됩니다. 트로오돈의 뇌 비율이 새와 가깝다는 학자도 있어서 트로오돈류는 다른 공룡보다도 영리하며, 다충류보다 뛰어나고 새처럼 복잡한 생활을 했을지도 모릅니다. 미국에서 트로오돈의 둥지를 발견했는데, 알을 낳는 방법이나 알 크기 등은 악어와 새의 중간 정도의 특징을 지녔습니다.

드로마에오사우루스류 ①

🔶 **고바야시 박사의 포인트!**

드로마에오사우루스류는 사냥감을 꽉 붙잡을 수 있는 앞발과 낫처럼 생긴 무시무시한 발톱이 있었어. 지능도 높아서 떼로 몰려다니며 사냥했을 수도 있어. 몸집이 작은 공룡들은 미크로랍토르처럼 날개가 있어서 나무에서 나무로 활공할 수 있었다고 해!

아우스트로랍토르 5m
Austroraptor 남쪽의 도둑 육식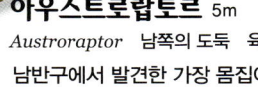
남반구에서 발견한 가장 몸집이 큰 드로마에오사우루스류입니다. 머리는 평평하며 길었고, 입에는 작은 동전 모양의 이빨이 무수히 나 있었습니다. 앞발은 특히 짧았습니다.

서식 기간 | 트라이아스기 | 쥐라기 | 백악기

드로마에오사우루스 1.8m
Dromaeosaurus 달리는 도마뱀 육식
몸이 탄탄했으며, 뇌가 크고 시각과 후각도 뛰어났습니다. 낫처럼 생긴 발톱을 가졌고 두꺼운 이빨로 사냥감을 물어뜯어 쓰러뜨렸습니다.

서식 기간 | 트라이아스기 | 쥐라기 | 백악기

데이노니쿠스 3.4m
Deinonychus 무시무시한 발톱 육식
눈이 크며, 몸은 깃털로 뒤덮여 있었습니다. 13cm나 되는 뒷발 발톱으로 사냥감을 가리가리 찢어서 돌리며 고기를 발라 먹었습니다. 딱딱한 꼬리가 수평으로 쭉 펴져 있어서 몸의 균형을 잡을 수 있었습니다.

서식 기간 | 트라이아스기 | 쥐라기 | 백악기

린헤랍토르 1.8m 2010년 발견
Linheraptor 린허(중국 지명)의 도둑 육식
새를 많이 닮은 공룡으로 거의 완전한 전신 골격을 발견했습니다. 벨로키랍토르처럼 크고 날카로운 발톱도 있었습니다. 긴 꼬리로 균형을 잡으면서 가벼운 몸을 움직이며 다른 공룡을 사냥했습니다.

서식 기간 | 트라이아스기 | 쥐라기 | 백악기

드로마에오사우루스류 ②

용반류 • 수각류

벨로키랍토르
몽골, 중국

크기 체크

벨로키랍토르

고바야시 박사의 그렇구나! 칼럼

벨로키랍토르 VS. 프로토케라톱스
싸우는 모습으로 발견한 투쟁 화석

1971년, 몽골 남중앙부에서 아주 진귀한 화석을 발견했습니다. 벨로키랍토르와 프로토케라톱스가 싸우는 모습이 그대로 남은 화석이었습니다.

프로토케라톱스는 몸을 웅크리고 있으며, 벨로키랍토르는 앞발로 프로토케라톱스의 프릴을 쥐고, 뒷발 발톱으로 프로토케라톱스의 목을 찌르고 있습니다.

어떻게 이런 모습이 화석으로 남았을까요? 정확한 이유는 알 수 없으나, 갑자기 모래 폭풍이 불어 파묻혔다는 설과 둘이 동시에 물에 빠져 죽었다는 설, 모래 언덕이 갑자기 무너지는 바람에 파묻혔다는 설 등이 있습니다.

벨로키랍토르 1.8m
Velociraptor 재빠른 도둑 육식

얼굴은 좁고 길며, 몸이 가벼운 장점을 살려 잽싼 몸놀림으로 사냥감을 쓰러뜨렸습니다. 최대 무기는 뒷발에 난 커다란 발톱입니다. 화석의 앞발 뼈에 칼깃이 난 돌기를 발견한 덕에 앞발에 날개가 있었음을 알았습니다.

205

드로마에오사우루스류 ③

용반류 • 수각류

마하칼라 0.7m
Mahakala
마하칼라(티베트 불교의 수호신 이름) 육식
다른 드로마에오사우루스류보다 앞발이 짧은 원시적인 공룡입니다. 앞발에는 새 깃털처럼 생긴 것이 났지만, 날 수는 없었습니다. 이 화석의 발견으로 공룡이 새로 진화하는 것과는 관계없이 몸집을 줄였음을 알았습니다.

서식 기간: 트라이아스기 쥐라기 백악기

헤스페로니커스 1m
Hesperonychus 서쪽의 발톱 육식
북미에서 발견한 작은 육식 공룡입니다. 입에는 작은 나이프 모양의 이빨이 나 있습니다. 두 개의 발로 땅 위를 재빨리 내달렸으며, 뒷발에 난 달카로운 발톱을 무기로 곤충이나 작은 동물을 잡았습니다.

서식 기간: 트라이아스기 쥐라기 백악기

발라우르 2m 2010년 발표
Balaur 루마니아 민화에 나오는 드래곤 육식
다른 드로마에오사우루스는 퇴화한 뒷발의 엄지발가락에 커다란 발톱이 나 있었습니다. 엄지와 검지 발가락에 난 발톱으로 먹잇감을 사냥했을 것입니다.

서식 기간: 트라이아스기 쥐라기 백악기

마하칼라 몽골	미크로랍토르 중국	시노르니토사우루스 중국
	일본	헤스페로니커스 미국
		밤비랍토르 미국
발라우르 루마니아	라호나비스 마다가스카르	티안유랍토르 중국

초식 공룡 육식 공룡

미크로랍토르 0.8m
Microraptor 작은 도둑 육식
네 개의 발에 날기에 적합한 칼깃이 있어, 날개를 펄럭이지 않고 글라이더처럼 활공했을 것으로 추측합니다.

색도 알 수 있다?
300개가 넘는 미크로랍토르 화석을 발견했습니다. 이 화석들을 분석한 결과, 미크로랍토르의 깃털은 검은색이었으며 빛을 반사하여 무지개색으로 빛났음을 알았습니다.

크기 체크 — 헤스퍼로니커스, 마하칼라, 발라우르, 미크로랍토르, 밤비랍토르, 라호나비스, 시노르니토사우루스, 티안유랍토르

밤비랍토르 1m
Bambiraptor 아기 사슴처럼 생긴 도둑 육식
현존하는 새처럼 쇄골이 있으며 날개가 있는 앞발을 접을 수 있는 등 공룡에서 새로 진화하는 과정이 있었습니다. 뇌가 컸으며, 민첩한 동작으로 작은 동물을 사냥했습니다.

라호나비스 0.4m~
Rahonavis 눈의 새 육식
앞팔이 마치 커다란 날개처럼 생겨, 하늘을 날 수 있었을 것으로 보입니다. 화석을 처음 발견했을 땐 시조새와 가까운 새로 추측했으나, 뒷발에 난 큰 발톱으로 현재는 드로마에오사우루스류로 보고 있습니다.

시노르니토사우루스 1.2m
Sinornithosaurus 중국 새처럼 생긴 도마뱀 육식
몸은 솜털로 뒤덮였으며, 앞발에는 원시적인 칼깃이 있었습니다. 앞발에 새처럼 날개를 퍼덕일 수 있는 관절이 있었지만, 날지는 못했을 것으로 추측합니다.

티안유랍토르
0.9m **2010년 발표**
Tianyuraptor 티안유(중국 박물관 이름)의 도둑 육식
티안유랍토르는 다른 드로마에오사우루스류와 비교할 때 긴 꼬리와 뒷발을 지녔으며, 그에 비해 짧은 앞발이 있었습니다. 북반구에 있는 중국에서 발견했지만, 남반구에 살던 드로마에오사우루스류의 특징도 지니고 있습니다.

고바야시 박사의 그렇구나! 칼럼

시조새는 새일까?

공룡과 조류를 연결하는 상징적인 화석이 1861년 독일에서 발견되었습니다. 골격은 작은 수각류와 매우 흡사했으나 날개가 달렸으며, 입에는 이빨이 나 있었습니다. 마치 공룡과 조류의 중간쯤 되는 특징이 있었지요.
시조새는 가장 원시적인 조류로 알려졌지만, 현재의 조류는 시조새의 직접적인 자손이 아니라는 사실 역시 알려졌습니다. 앞으로 시조새보다 더 오래된 원시적인 조류 화석이 발견될지도 모르겠습니다.
날개는 주로 흰색이었고, 깃털의 가장자리는 암회색이나 검은색이었습니다.

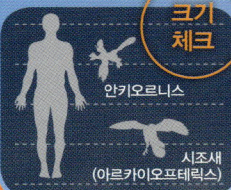

1861년에 발견한 깃털 화석으로 '멜라노솜'이라는 멜라닌 색소를 포함한 세포 기관의 흔적을 발견했습니다. 그 결과, 검은색 깃털이었을 가능성이 크다는 사실도 알았습니다.

부리에는 이빨이 났습니다.

꼬리에도 뼈가 있었습니다.

최근 연구로 시조새의 뒷다리에도 깃털이 있었음을 알았습니다. 뒷다리 깃털은 깃털 전체 크기의 12%나 됐던 것으로 추측하고 있습니다.

시조새(아르카이오프테릭스) 0.5m
Archaeopteryx 고대의 날개 육식

독일 솔른호펜에서 1861년에 처음으로 화석을 발견했고 그 뒤로 10마리가 넘는 화석을 더 발굴했습니다. 꼬리가 길고 몸길이는 50cm 정도였습니다. 비록 남아 있는 날개 부분은 적지만, 검은색임을 알았습니다.

서식 기간: 트라이아스기 / 쥐라기 / 백악기

공룡의 색을 알았다!

2010년에 보존 상태가 좋고 거의 전신에 가까운 안키오르니스의 화석을 발굴했습니다. 멜라닌 색소를 포함한 세포 기관 멜라노솜의 분포 상태로 연구가 진행되었습니다. 그 결과, 안키오르니스가 어떤 색이었는지 거의 알아냈습니다. 그때까지 시노사우롭테릭스의 꼬리 색에 대한 연구를 진행하고 있었지만, 온몸의 색을 알게 된 것은 안키오르니스가 처음입니다.

안키오르니스 0.34m
Anchiornis 거의 새 육식

시조새보다 더 이전 시대의 지층에서 발견한, 깃털이 달린 작은 공룡입니다. 머리에도 깃털이 있었는데, 볏 모양과 비슷했습니다. 트로오돈류로 추측하지만, 시조새에 가까운 공룡이라고 보는 견해도 있습니다.

서식 기간: 트라이아스기 / 쥐라기 / 백악기

볏의 색은 대부분 적갈색이었습니다.

몸은 암회색이었습니다.

날개는 주로 흰색이고, 깃털의 가장자리는 암회색이나 검은색이었습니다.

시조새는 날 수 있었다?

우리 인간도 그렇습니다만, 몸의 균형을 잡는 역할을 하는 건 귀 안에 있는 반고리관이라는 조직입니다. 시조새의 머리 화석을 CT로 스캔해서, 현재 존재하는 조류처럼 위아래 균형을 제대로 잡을 수 있는 구조임을 알았습니다. 이는 시조새가 하늘을 날 수 있었음을 뜻합니다. 하지만 한편으로 날개축이 너무 가늘어 날개에 힘이 없던 탓에 활공밖에 하지 못했다는 설도 있습니다.

조류

고바야시 박사의 포인트!

조류는 공룡이면서 수각류 그룹 중 하나였어. 골격만 봐도 코엘루로사우루스나 오비랍토르, 트로오돈 같은 소형 수각류와 똑 닮았거든! 몸이 가벼워지면서 날개가 발달해 하늘로 영역을 넓힌 공룡이 바로 조류야.

- 콘푸시우소르니스 중국
- 시노르니스 중국
- 헤스페로르니스 캐나다, 미국
- 이크티오르니스 미국
- 에난티오르니스 아르헨티나
- 파타곱테릭스 아르헨티나

에난티오르니스 1.0m
Enantiornis 반대 새 육식
부리에 이빨이 있는 것으로 보아 육식이었던 것으로 추측합니다. 비행 능력도 뛰어났을 것으로 보고 있습니다. 에난티오르니스류는 전 세계에서 발견되고 있습니다.

서식 기간: 트라이아스기 쥐라기 백악기

파타곱테릭스 0.6m
Patagopteryx 파타고니아의 새 육식
파타곱테릭스의 날개는 너무 작아 하늘을 날 수 없었습니다. 하지만 이 조류의 조상은 하늘을 날 수 있었기에, 진화하면서 비행 능력이 사라진 것으로 보입니다.

서식 기간: 트라이아스기 쥐라기 백악기

헤스페로르니스 1.8m
Hesperornis 서쪽의 새 육식
날개가 작아 하늘을 날 수 없었습니다. 긴 뒷다리로 바닷속을 헤엄쳤을 것으로 추측합니다. 부리에 난 이빨 덕에 쉽게 물고기를 잡을 수 있었습니다.

서식 기간: 트라이아스기 쥐라기 백악기

용반류 ● 조류

초식 공룡 육식 공룡

이크티오르니스 24cm
Ichthyornis 물고기 새 육식
부리에 이빨이 남아 있습니다. 날개에는 발톱도 있었습니다. 비둘기 정도의 크기로 하늘에서 바다로 날아들어 물고기를 잡았습니다.

프테라노돈
(익룡류)

콘푸시우소르니스 0.7m
Confuciusornis 공자 새 육식
부리에 이빨이 없는 종류 중에서 가장 오래된 조류입니다. 날개에는 발톱이 있었습니다. 수컷과 암컷의 모습이 달랐으며 수컷은 긴 꽁지깃이 있었습니다.

▲ 콘푸시우소르니스의 화석

시노르니스 13cm
Sinornis 중국의 새 육식
골격은 시조새보다 가벼웠으며, 날개를 움직이는 가슴 근육도 발달했습니다. 시조새에서 현대의 조류로 진화하는 중간 과정에 있는 새입니다.

크기 체크

헤스페로르니스
파타곱테릭스
에난티오르니스
콘푸시우소르니스
시노르니스
이크티오르니스

211

하늘의 파충류 ~익룡~

🔴 **고바야시 박사의 포인트!**

익룡은 트라이아스기 후기에 나타났어. 쥐라기 후기에는 꼬리가 짧은 진화한 익룡도 나타나 공룡 시대의 하늘을 지배했지. 하지만 조류의 등장과 함께 익룡은 서서히 모습을 감추었고, 백악기 마지막에는 프테라노돈과 케찰코아틀루스만 살아남았지.

닉토사우루스 2m
Nyctosaurus 밤의 도마뱀 먹잇감(물고기 등)
처음 발견했을 때는 머리에 볏이 없는 익룡인 줄 알았으나, 2003년에 머리에 가늘고 긴 볏이 있는 닉토사우루스 화석을 발견했습니다.

서식 기간 | 트라이아스기 | 쥐라기 | 백악기

프테라노돈 7~9m
Pteranodon 날개를 가진 이빨이 없는 것 먹잇감(물고기 등)
가장 유명한 익룡입니다. 날개를 펼치면 9m나 되는 프테라노돈도 있었지만, 체중은 20kg밖에 나가지 않았습니다.

서식 기간 | 트라이아스기 | 쥐라기 | 백악기

디모르포돈 1.4m
Dimorphodon
두 종류의 이빨 먹잇감(물고기, 곤충 등)
막대기 모양의 긴 꼬리가 달린 원시적인 익룡입니다. 네 개의 앞니는 길고, 안쪽 이빨은 짧았는데, 이렇게 모양이 다른 두 가지 이빨이 특징입니다.

서식 기간 | 트라이아스기 | 쥐라기 | 백악기

케찰코아틀루스 10m
Quetzalcoatlus 날개가 달린 뱀 먹잇감(물고기, 작은 동물 등)
매우 큰 익룡으로, 하늘을 나는 동물 중에서도 최대 크기였습니다. 기린과 비슷한 긴 목을 지녔습니다.

서식 기간 | 트라이아스기 | 쥐라기 | 백악기

프테로닥틸루스 0.4~2.5m
Pterodactylus
손가락을 가진 날개 먹잇감(물고기, 작은 동물 등)
전 세계에서 처음으로 발견된 익룡입니다. 목이 길고 꼬리가 짧은 진화한 익룡이지만, 비교적 초기에 나타났습니다.

서식 기간 | 트라이아스기 | 쥐라기 | 백악기

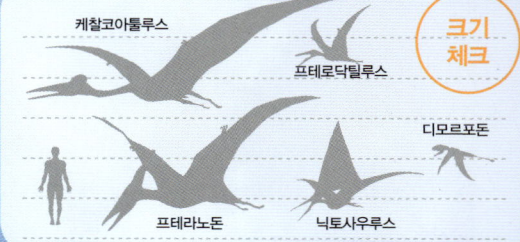

크기 체크

바다의 파충류

고바야시 박사의 포인트

육상에서 공룡이 번성했을 때, 바다는 파충류의 세계였어! 쥐라기에는 수장룡과 어룡이 바다를 지배했고, 백악기에는 어룡과 세대교체라도 한 것처럼 바다에 모사사우루스 같은 파충류가 나타났어. 당시 바다는 지금보다 훨씬 따뜻해서 파충류가 살기에 최적의 장소였거든.

이크티오사우루스 2m
Ichthyosaurus 어룡 먹잇감(물고기, 오징어 등)

고리지느러미와 등지느러미가 있었으며 돌고래처럼 생긴 어룡입니다. 바다에 살던 파충류 중에서도 헤엄을 유독 잘 쳤습니다.

서식 기간: 트라이아스기 / 쥐라기 / 백악기

아르케론 4m
Archelon 거북의 지배자 먹잇감(오징어 등)

지금까지 발견된 가장 큰 거북 종류입니다. 등딱지는 없었으며, 딱딱한 피부가 곳곳에 틈새가 있는 뼈를 덮고 있었습니다.

서식 기간: 트라이아스기 / 쥐라기 / 백악기

플레시오사우루스 5m
Plesiosaurus 도마뱀을 닮은 것 먹잇감(물고기, 오징어 등)

수장룡류로 어룡만큼은 아니어도 헤엄을 꽤 잘 쳤습니다. 긴 목은 사냥을 하는 데 도움이 되었습니다.

서식 기간: 트라이아스기 / 쥐라기 / 백악기

모사사우루스 12~18m
Mosasaurus
뮤즈의 도마뱀 먹잇감(다슬류, 암모나이트 등)

도마뱀류가 바다에 진출하여 모사사우루스가 되었습니다. 뱀처럼 입을 크게 흴릴 수 있어, 다양한 바다 생물을 한입에 집어삼킬 수 있었습니다.

서식 기간: 트라이아스기 / 쥐라기 / 백악기

후타바사우루스 (후타바스즈키룡) 7m
Futabasaurus 후타바(후쿠시마현의 지층 이름) 도마뱀 먹잇감(물고기, 오징어 등)

1968년에 일본의 한 고등학생이 발견한 수장룡입니다. 당시 근처에서 수많은 상어 이빨도 함께 발견했습니다. 아마도 상어에게 공격당했거나 혹은 죽은 뒤에 상어에게 잡아먹힌 것으로 보입니다.

서식 기간: 트라이아스기 / 쥐라기 / 백악기

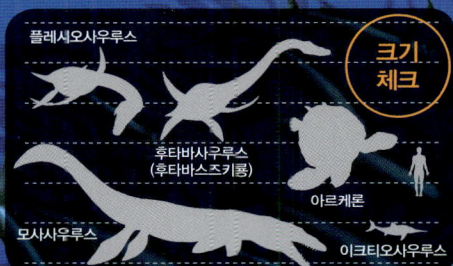

크기 체크: 플레시오사우루스 / 후타바사우루스(후타바스즈키룡) / 아르케론 / 모사사우루스 / 이크티오사우루스

공룡의 멸종

지금부터 6,600만 년 전, 지구상에서 공룡들은 모습을 감추었습니다. 공룡 이외의 동물도 약 60%가 멸종했다고 합니다. 대체 무슨 일이 벌어졌던 걸까요? 한번 살펴보겠습니다.

▲열풍은 숲에 화재를 일으켰습니다.

1970년대 말, 지질학자인 월터 알바레즈 박사는 백악기와 제3기 경계 지층에서 이상한 금속을 발견했습니다. 바로 이리듐이라는 금속으로, 지구 중심부와 지구 밖(운석 등)에는 매우 많지만, 지구에서는 거의 찾을 수가 없는 종류입니다.
이 점에 착안하여 알바레즈 박사는 지층이 만들어진 6,600만 년 전에 이리듐을 포함한 소혹성이 지구와 충돌했을지도 모른다는 가설을 내놓았습니다.
1981년에 지구 물리학자인 글렌 펜필드 박사는 유카탄 반도의 칙술루브 부근에서 직경 180km나 되는 밥공기 모양의 크레이터(구덩이)를 발견했습니다. 크레이터를 조사한 결과 6,600만 년 전 지름 10~15km나 되는 운석과 충돌했을 때 생긴 것임을 알았습니다.
소혹성과 충돌하여 높이 300m나 되는 해일이 발생했고 열풍이 숲을 태웠습니다.
충돌로 발생한 먼지 기둥이 하늘을 덮어 지구는 급격히 차가워졌습니다.
2010년, 고생물학자와 지구물리학자 등 전 세계 12개국 41명의 전문가들이 모여 공룡이 멸종한 원인이 소혹성과의 충돌로 환경이 급격히 바뀌었기 때문이라는 결론을 내렸습니다.

▲새빨갛게 타는 소혹성과 충돌하며 발생한 에너지는 히로시마에 떨어진 원자 폭탄의 10억 배나 된다고 합니다.

하지만 아직 확실히 매듭을 지은 건 아닙니다. 공룡 연구학자 중에는 이 의견에 반대하며 인도의 화산 활동과 해수면 변화 등 운석 충돌 외에도 다른 원인이 있다고 보는 이들도 있습니다.

공룡 연구학자들에게 늘 문제가 되는 건 어떤 이유로 멸종한 개체와 살아남은 개체가 나뉘었는지입니다.

예를 들어 공룡과 수장룡은 전멸했지만, 포유류와 거북, 그리고 악어는 전멸하지 않았습니다. 옛날에는 변온 동물인 공룡이 전멸하고 항온 동물인 포유류나 조류가 살아남았다고 생각했습니다. 하지만 같은 변온 동물인 악어나 거북이 살아남은 이유를 설명할 수가 없었습니다. 또한, 최근에는 공룡 중에서도 항온 공룡이 있었음을 알아냈습니다. 그렇다면 포유류나 조류와 마찬가지로 항온 공룡은 멸종하지 않았어야 합니다.

더욱 재미 있는 점은 2011년, 캐나다 앨버타대학에서 6,600만 년 전 공룡이 멸종한 뒤로 20만 년 동안 살아남았던 공룡이 존재했다고 발표한 사건입니다. 공룡의 멸종과 관련한 문제들은 아직도 명확히 풀 수 없는 수수께끼입니다.

▲충돌의 여파로 햇빛이 사라지자 지구는 급속히 얼어붙었습니다.

▲높이 300m나 되는 해일이 공룡들을 덮쳤습니다.

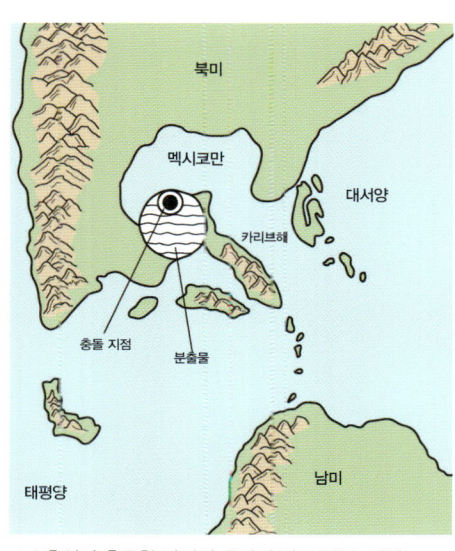

▲소혹성이 충돌할 당시의 유카탄 반도 부근. 해일 흔적도 발견했습니다.

색인

이 책에 나오는 공룡과 그 외 동물의 이름을 가나다순으로 나열했습니다. 오른쪽에 있는 학명은 생물에게 붙인 세계 공통의 이름으로 라틴어로 표기했습니다. 아울러 그 옆에는 그 공룡의 특징 등을 발표한 연도와 발표한 사람의 이름입니다.

이름	학명	발표 연도	발표자	페이지
가스토니아	Gastonia	1998	Kirkland	48
갈리미무스	Gallimimus	1972	Osmolska, Roniewicz 외	186
고르고사우루스	Gorgosaurus	1914	Lambe	18, 172, 177
고요케팔레	Goyocephale	1982	Perle 외	51
구안롱	Guanlong	2006	Xu, Clark	17, 174, 177
그리포사우루스	Gryposaurus	1914	Lambe	87
글라키알리사우루스	Glacialisaurus	2007	Smith, Pol	145
기가노토사우루스	Giganotosaurus	1995	Coria, Salgado	163
기간토랍토르	Gigantoraptor	2007	Xu 외	195
기라파티탄	Giraffatitan	1914	Janensch	129
나노티라누스	Nanotyrannus	1988	Bakker, Williams 외	179
나누크사우루스	Nanuqsaurus	2014	Fiorillo, Tykoski	169
나수토케라톱스	Nasutoceratops	2013	Sampson 외	63, 72
네메그토사우루스	Nemegtosaurus	1971	Nowinski	132
네오베나토르	Neovenator	1996	Hutt, Martill 외	20, 160
노도사우루스	Nodosaurus	1889	Marsh	46
노도사우루스류				46–49
노아사우루스	Noasaurus	1980	Bonaparte, Powell	147
노토사우루스	Nothosaurus	1834	Hunter	10
노트로니쿠스	Nothronychus	2001	Kirkland, Wolfe	189
니제르사우루스	Nigersaurus	1999	Sereno, Beck 외	121
니폰노사우루스	Nipponosaurus	1936	Nagao	92, 101
닉토사우루스	Nyctosaurus	1876	Marsh	212
다센트루루스	Dacentrurus	1902	Lucas	39
다스플레토사우루스	Daspletosaurus	1970	Russell	170
다이엑토돈	Diictodon	1876	Owen	8
데이노니쿠스	Deinonychus	1969	Ostrom	78, 202
데이노케이루스	Deinocheirus	1970	Osmolska, Roniewicz	185
델타드로메우스	Deltadromeus	1996	Sereno, Dutheil 외	146
드레드노투스	Dreadnoughtus	2014	Lacovara	135
드로마에오사우루스	Dromaeosaurus	1922	Matthew, Brown	202
드로마에오사우루스류				202–207
드리오사우루스	Dryosaurus	1894	Marsh	79
디메트로돈	Dimetrodon	1878	Cope	9
디모르포돈	Dimorphodon	1859	Owen	212
디아블로케라톱스	Diabloceratops	2010	Kirkland 외	61, 72

이름	학명	발표 연도	발표자	페이지
디크레오사우루스	Dicraeosaurus	1914	Janensch	120
디플로도쿠스	Diplodocus	1878	Marsh	8, 23, 45, 118, 124
디플로도쿠스류				118–121
딜로포사우루스	Dilophosaurus	1970	Welles	45, 144
딜롱	Dilong	2004	Xu, Norell 외	165, 174, 177
라브도돈	Rhabdodon	1869	Matheron	79
라엘리나사우라	Leaellynasaura	1989	T.H. Rich, P.V. Rich	74
라페토사우루스	Rapetosaurus	2001	Rogers, Forster	134
라호나비스	Rahonavis	1998	Forster, Sampson 외	207
란저우사우루스	Lanzhousaurus	2005	Yu, Ji, Li	79
람베오사우루스	Lambeosaurus	1923	Parks	92
람베오사우루스류				92–97
랩토렉스	Raptorex	2009	Sereno 외	175
레갈리케라톱스	Regaliceratops	2015	Brown, Henderson	70
레바키사우루스	Rebbachisaurus	1954	Lavocat	120
레셈사우루스	Lessemsaurus	1999	Bonaparte	107
레소토사우루스	Lesothosaurus	1978	Galton	29
레페노마무스	Repenomamus	2000	Li, Wang	113
렉소비사우루스	Lexovisaurus	1957	Hoffstetter	38
렙토케라톱스	Leptoceratops	1914	Brown	58
루곱스	Rugops	2004	Sereno, Wilson, Conrad	151
루시타노사우루스	Lusitanosaurus	1957	Lapparent, Zbyszewski	35
루펜고사우루스	Lufengosaurus	1941	Young	109
리노렉스	Rhinorex	2014	Gates, Scheetz	85
리리엔스터누스	Liliensternus	1984	Welles	145
리무사우루스	Limusaurus	2009	Xu 외	146
리아오케라톱스	Liaoceratops	2002	Xu, Makovicky 외	56
리오자사우루스	Riojasaurus	1969	Bonaparte	107
리코리누스	Lycorhinus	1924	Haughton	33
리트로낙스	Lythronax	2013	Loewen 외	169, 177
린허니쿠스	Linhenykus	2011	Xu	188
린헤랍토르	Linheraptor	2010	Jonah N, Choiniere, Michael Pittman	202
마그나폴리아	Magnapaulia	2012	Prieto-Marquez 외	96
마기아로사우루스	Magyarosaurus	1932	Huene	134
마멘키사우루스	Mamenchisaurus	1954	Young	17, 116
마소스폰딜루스	Massospondylus	1854	Owen	15, 111

이름	학명	발표 연도	발표자	페이지
마시아카사우루스	Masiakasaurus	2001	Sampson, Carrano 외	150
마이아사우라	Maiasaura	1979	Horner, Makela	90, 91
마준가사우루스	Majungasaurus	1955	Lavocat	148
마푸사우루스	Mapusaurus	2006	Coria, Currie	162
마하칼라	Mahakala	2007	Tuner, Pol 외	206
막사칼리사우루스	Maxakalisaurus	2006	Kellner, Campos	134
말라위사우루스	Malawisaurus	1993	Jacobs, Winkler 외	135
메가조스트로돈	Megazostrodon	1968	Crompton, Jenkins	8
메갈로사우루스	Megalosaurus	1824	Buckland	157
메갈로사우루스류				156, 157
메갑노사우루스	Megapnosaurus	2001	Ivy	143
메이	Mei	2004	Xu, Xu & Norell	200
메토포사우루스	Metoposaurus	1890	Lydekker	11
멜라노로사우루스	Melanorosaurus	1924	Haughton	28
모노니쿠스	Mononykus	1993	Perle 외	188
모놀로포사우루스	Monolophosaurus	1993	Zhao, Currie	157
모사사우루스	Mosasaurus	1822	Conybeare	18, 213
몬타노케라톱스	Montanoceratops	1951	Sternberg	59
무스사우루스	Mussaurus	1979	Bonaparte, Vince	112
무타부라사우루스	Muttaburrasaurus	1981	Bartholomai, Molnar	79
미라가이아	Miragaia	2009	Mateus 외	40
미무라펠타	Mymoorapelta	1994	Kirkland, Carpenter	46
미크로랍토르	Microraptor	2000	Xu, Wang 외	165, 192, 207
민미	Minmi	1980	Molnar	42
바가케라톱스	Bagaceratops	1975	Maryanska, Osmolska	59
바다나리	Barapasaurus	1975	Jain, Kutty 외	115
바다의 파충류				213
바로사우루스	Barosaurus	1890	Marsh	119
바리오닉스	Baryonyx	1986	Charig, Milner	153
발라우르	Balaur	2010	Csiki 외	206
발라크리누스(우미유리)	Balacrinus			8
밤비랍토르	Bambiraptor	2000	Burnham, Currie 외	207
베이샨롱	Beishanlong	2010	Makovicky 외	186
베이피아오사우루스	Beipiaosaurus	1999	Xu, Tang 외	189
벨로키랍토르	Velociraptor	1924	Osborn	45, 205
벨제부포	Beelzebufo	2008	Evans, Jones, Krause	19
보로고비아	Borogovia	1987	Halszka Osmolska	201
불카노돈	Vulcanodon	1972	Raath	114
브라보케라톱스	Bravoceratops	2013	Wick, Lehman	73
브라키로포사우루스	Brachylophosaurus	1953	Sternberg	84
브라키오사우루스	Brachiosaurus	1903	Riggs	123, 128
브라키오사우루스류				128, 129
브라키케라톱스	Brachyceratops	1914	Gilmore	61
브라키트라켈로판	Brachytrachelopan	2005	Rauhut, Remes 외	121

이름	학명	발표 연도	발표자	페이지
브론토테리움	Brontotherium	1873	Marsh	9
비스타히에베르소르	B.stahieverscr	2010	Carr, Williamson	172, 177
사르코사우루스	Sarcosaurus	1921	Andrews	145
사우로르니톨레스테스	Saurornitholestes	1978	Sues	203
사우로파가낙스	Saurophaganax	1995	Chure	158
사우로펠타	Sauropelta	1970	Ostrom	46
사우로포세이돈	Sauroposeidon	2000	Wedel, Cifelli 외	129
사우롤로푸스	Saurolophus	1912	Brown	88
살코수쿠스	Sarcosuchus	1966	Broin 외	154
살타사우루스	Saltasaurus	1980	Bonaparte, Powell	133
세기사우루스	Segisaurus	1936	Camp	143
세케르노사우루스	Secernosaurus	1979	Brett-Surman	84
센트로사우루스	Centrosaurus	1904	Lambe	60, 61, 72
센트로사우루스류				60-63
수코미무스	Suchomimus	1998	Sereno, Beck 외	153, 155
수페르사우루스	Supersaurus	1985	Jensen	123
슈노사우루스	Shunosaurus	1983	Dong, Zhou 외	117
슈부이아	Shuvuuia	1998	Chiappe, Norell 외	187
스밀로돈	Smilodon	1842	Lund	9
스칸소리옵테릭스	Scansoriopteryx	2002	Czerkas & Yuan	198
스칸소리옵테릭스류				198
스켈리도사우루스	Scelidosaurus	1859	Owen	34
스쿠텔로사우루스	Scutellosaurus	1981	Colbert	35
스키우루미무스	Sciurumimus	2012	Rauhut 외	157
스타우리코사우루스	Staurikosaurus	1970	Colbert	141
스테고사우루스	Stegosaurus	1877	Marsh	23, 36, 37, 39
스테고사우루스류				36-41
스테고케라스	Stegoceras	1902	Lambe	53
스트루티오미무스	Struthiomimus	1916	Osborn	180, 181
스트루티오사우루스	Struthiosaurus	1871	Bunzel	47
스티라코사우루스	Styracosaurus	1913	Lambe	62, 72
스피노사우루스	Spinosaurus	1915	Stromer	152
스피노사우루스류				152-155
스피놉스	Spinops	2011	Farke 외	173
시노르니스	Sinornis	1992	Sereno, Rao	211
시노르니토미무스	Sinornithomimus	2003	Kobayashi, Lu	181
시노르니토사우루스	Sinornithosaurus	1999	Xu, Wang	207
시노베나토르	Sinovenator	2002	Xu, Makovicky 외	200
시노사우롭테릭스	Sinosauropteryx	1996	Ji	165
시노칼리옵테릭스	Sinocalliopteryx	2007	Ji	164
시노케라톱스	Sinoceratops	2010	Xu 외	63, 72, 177
시아츠	Siats	2013	Zanno, Makovicky	161
시옹구안롱	Xiongguanlong	2010	Li 외	174
시조새(아르카이오프테릭스)	Archaeopteryx	1861	Von Meyer	9, 208, 209

이름	학명	발표 연도	발표자	페이지
신랍토르	Sinraptor	1994	Currie, Zhao	17, 162
아구자케라톱스	Agujaceratops	2006	Lucas, Sullivan, Hunt	73
아길리사우루스	Agilisaurus	1990	Peng	29
아노말로카리스	Anomalocaris	1892	Whiteaves	8
아니만타르x	Animantarx	1999	Carpenter 외	46
아델로바실레우스	Adelobasileus	1990	Lucas, Hunt	11
아란다스피스	Arandaspis	1977	Ritchie, Gilbert-Tomlinson	9
아랄로사우루스	Aralosaurus	1968	Rozhdestvensky	96
아레니사우루스	Arenysaurus	2009	Pereda-Suberbiola 외	96
아르젠티노사우루스	Argentinosaurus	1993	Bonaparte, Coria	131
아르카에오케라톱스	Archaeoceratops	1997	Dong, Azuma	56
아르케론	Archelon	1896	Wieland	213
아르히노케라톱스	Arrhinoceratops	1925	Parks	69
아마르가사우루스	Amargasaurus	1991	Salgado, Bonaparte	121
아무로사우루스	Amurosaurus	1991	Bolotsky, Kurzanov	94
아바케라톱스	Avaceratops	1986	Dodson	62
아벨리사우루스	Abelisaurus	1985	Bonaparte, Novas	147
아브릭토사우루스	Abrictosaurus	1975	Hopson	33
아비미무스	Avimimus	1981	Kurzanov	196
아얀킨게니아	Ajancingenia	1981	Rinchen Barsbold	196
아에로스테온	Aerosteon	2009	Sereno, Martinez	176
아우로니스	Aurornis	2013	Godefroit 외	15
아우스트랄로베나토르	Australovenator	2009	Hocknull 외	176
아우스트로랍토르	Austroraptor	2008	Novas	202
아우카사우루스	Aucasaurus	2002	Coria, Chiappe, Dingus	151
아켈로우사우루스	Achelousaurus	1995	Sampson	60
아퀼롭스	Aquilops	2014	Farke 외	57
아크로칸토사우루스	Acrocanthosaurus	1950	Stovall, Langston	161
아크로톨루스	Acrotholus	2013	Evans 외	51
아킬로바토르	Achillobator	1999	Perle, Norell, Clark	203
아파토사우루스	Apatosaurus	1877	Marsh	119, 123, 159
아프로베나토르	Afrovenator	1944	Sereno, Wilson 외	157
안주	Anzu	2014	Lamanna 외	197
안키사우루스	Anchisaurus	1885	Marsh	107
안키오르니스	Anchiornis	2009	Xu 외	208
안키케라톱스	Anchiceratops	1914	Brown	66
안킬로사우루스	Ankylosaurus	1908	Brown	42
안킬로사우루스류				42–45
안타르크토펠타	Antarctopelta	2006	Salgado, Gasparini	47
알라모사우루스	Alamosaurus	1922	Gilmore	136
알렉트로사우루스	Alectrosaurus	1933	Gilmore	171
알로사우루스	Allosaurus	1877	Marsh	23, 39, 45, 83, 158, 159
알로사우루스류				158–163
알리오라무스	Alioramus	1976	Kurzanov	170
알바레즈사우루스	Alvarezsaurus	1991	Bonaparte	187
알바레즈사우루스류				187, 188
알발로포사우루스	Albalophosaurus	2009	Ohashi, Barrett	31, 101, 103
알베르타케라톱스	Albertaceratops	2007	Ryan	60, 72
알베르토니쿠스	Albertonykus	2009	Longrich, Currie	187
알베르토사우루스	Albertosaurus	1905	Osborn	171, 177
알티리누스	Altirhinus	1998	Norman	80
양추아노사우루스	Yangchuanosaurus	1978	Dong 외	163
어거스티놀로푸스	Augustynolophus	2014	Prieto-Marquez 외	88
에난티오르니스	Enantiornis	1981	Walker	210
에다포사우루스	Edaphosaurus	1882	Cope	8
에드몬토니아	Edmontonia	1928	Sternberg	47
에드몬토사우루스	Edmontosaurus	1917	Lambe	81, 88, 89
에르케투	Erketu	2006	Ksepka, Norell	134
에마우사우루스	Emausaurus	1990	Haubold	35
에오드로마에우스	Eodromaeus	2011	Ricardo & Martinez 외	140
에오랍토르	Eoraptor	1993	Sereno, Forster 외	8, 13, 106
에오쿠르소르	Eocursor	2007	Butler, Smith, Norman	28
에오트리케라톱스	Eotriceratops	2007	Wu 외	68
에오티라누스	Eotyrannus	2001	Hutt	20, 175
에우로파사우루스	Europasaurus	2006	Mateus, Laven 외	129
에우헬로푸스	Euhelopus	1956	Wiman	129
에이니오사우루스	Einiosaurus	1995	Sampson	60
에피덱시프테릭스	Epidexipteryx	2008	Zhang 외	198
엑사에레토돈	Exaeretodon	1943	Cabrera	9, 12
엔도케라스	Endoceras	1847	Hall	8
엘라스모사우루스	Elasmosaurus	1868	Cope	9
엘라프로사우루스	Elaphrosaurus	1920	Janensch	147
오로드로메우스	Orodromeus	1988	Horner, Iguanodon, Weishampel	75
오르니토미무스	Ornithomimus	1890	Marsh	182, 183
오르니토미무스류				180–186
오메이사우루스	Omeisaurus	1939	Young	116
오비랍토르	Oviraptor	1924	Osborn	193, 194
오비랍토르류				194–197
오스니엘로사우루스	Othnielosaurus	2007	Galton	30
오우라노사우루스	Ouranosaurus	1976	Taquet	81
오파비니아	Opabinia	1912	Walcott	8
오피스토코엘리카우디아	Opisthocoelicaudia	1977	Borsuk-Białynicka	135
올로로티탄	Olorotitan	2003	Godefroit 외	97
완나노사우루스	Wannanosaurus	1977	Hou	52
우나이사우루스	Unaysaurus	2004	Leal, Azevodo 외	113
우넨라기아	Unenlagia	1997	Novas	203
우다노케라톱스	Udanoceratops	1992	Kurzanov	59
우르바코돈	Urbacodon	2007	Averianov, Sues	201

이름	학명	발표 연도	발표자	페이지
우에르호사우루스	Wuerhosaurus	1973	Dong	40
우타케라톱스	Utahceratops	2010	Sampson 외	70, 73
원시적인 각룡류				54–57
원시적인 수각류				138–141
원시적인 용각류				114–117
원시적인 용각형류				106–113
원시적인 장순류				34, 35
원시적인 조반류				28–31
원시적인 코엘루로사우루스류				164, 165
윈나노사우루스	Yunnanosaurus	1942	Young	109
유라베나토르	Juravenator	2006	Gohlich, Chiappe	164
유립테루스	Eurypterus	1825	De Kay	9
유스켈로사우루스	Euskelosaurus	1866	Huxley	113
유스테놉테론	Eusthenopteron	1881	Whiteaves	9
유오플로케팔루스	Euoplocephalus	1910	Lambe	44
유타랍토르	Utahraptor	1993	Kirkland, Burge 외	48, 203
유티라누스	Yutyrannus	2012	Xu 외	165, 175
이	Yi	2015	Xu 외	198
이구아노돈	Iguanodon	1825	Mantell	19, 21, 77, 82, 85
이구아노돈류				76–83
이리타토르	Irritator	1996	Martill, Cruickshank 외	153
이사노사우루스	Isanosaurus	2000	Buffetaut, Suteethorn 외	114
이시구알라스티아	Ischigualastia	1962	Cox	13
이크티오르니스	Ichthyornis	1872	Marsh	19, 211
이크티오베나토르	Ichthyovenator	2012	Allain 외	154
이크티오사우루스	Ichthyosaurus	1821	Beche, Conybeare 외	9, 213
이크티오스테가	Ichthyostega	1932	Save-Soderbergh	8
인도수쿠스	Indosuchus	1933	Huene, Matley	147
인롱	Yinlong	2006	Xu 외	16, 56, 63
인시시보사우루스	Incisivosaurus	2002	Chang 외	196
자나바자르	Zanabazar	2009	Mark Norell 외	201
자라펠타	Zaraapelta	2014	Arbour	43
저지앙고사우루스	Zhejiangosaurus	2007	Lu 외	43
제노케라톱스	Xenoceratops	2012	Ryan, Evans, Shepherd	72
조류				210, 211
조바리아	Jobaria	1999	Sereno, Beck 외	126
주니케라톱스	Zuniceratops	1998	Wolfe, Kirkland	59
주디케라톱스	Judiceratops	2013	Longrich	73
주라마이아	Juramaia	2011	Luo 외	15
지아펠타	Ziapelta	2014	Arbour 외	43
지엔찬고사우루스	Jianchangosaurus	2013	Pu 외	189
진펭고프테릭스	Jinfengopteryx	2005	Jin, Li 외	200
징샤노사우루스	Jingshanosaurus	1995	Zhang, Yang	112
차간테기아	Tsagantegia	1993	Tumanova	42
차오양사우루스	Chaoyangsaurus	1999	Zhao, Chen, Xu	16, 57
치아링고사우루스	Chialingosaurus	1959	Young	40
친타오사우루스	Tsintaosaurus	1958	Young	96
카르노사우루스	Charonosaurus	2000	Godefroit, Zan, Jin	96
카르노타우루스	Carnotaurus	1985	Bonaparte	47, 151
카르카로돈토사우루스	Carcharodontosaurus	1931	Stromer	160
카마라사우루스	Camarasaurus	1877	Edward Drinker Cope	14, 127
카마라사우루스류				126, 127
카스모사우루스	Chasmosaurus	1914	Lambe	68, 69, 73
카우딥테릭스	Caudipteryx	1998	Ji, Currie 외	194
칸	Khaan	2001	Clark, Norell	196
캄프토사우루스	Camptosaurus	1885	Marsh	79, 83
케라시놉스	Cerasinops	2007	Chinnery, Horner	58
케라토니쿠스	Ceratonykus	2009	Alifanov, Earsbold	188
케라토사우루스	Ceratosaurus	1884	Marsh	146
케라토사우루스류				146–151
케르베로사우루스	Kerberosaurus	2004	Bolotsky, Godefroit	84
케찰코아틀루스	Quetzalcoatlus	1975	Lawson	212
케티오사우루스	Cetiosaurus	1842	Owen	117
켄트로사우루스	Kentrosaurus	1915	Hennig	41
코리아케라톱스	Koreaceratops	2011	Lee	56
코리토사우루스	Corythosaurus	1914	Brown	45, 95
코스모케라톱스	Kosmoceratops	2011	Sampson 외	70, 73
코시사우루스	Koshisaurus	2015	Shibata, Azuma	83, 100, 102
코아후일라케라톱스	Coahuilaceratops	2010	Loewen 외	68, 73
코엘로피시스	Coelophysis	1889	Cope	142, 143
코엘로피시스류				142–145
코엘루루스	Coelurus	1879	Marsh	164
코타사우루스	Kotasaurus	1988	Yadagiri	114
콘카베나토르	Concavenator	2010	Ortega, Escaso, Sanz	21, 161
콘푸키우소르니스	Confuciusornis	1995	Hou 외	211
콤프소그나투스	Compsognathus	1859	Wagner	45, 164
콩코랍토르	Conchoraptor	1986	Barsbold	196
쿨린다드로메우스	Kulindadromeus	2014	Godefroit	31, 165
퀴안주사우루스	Qianzhousaurus	2014	Lu 외	170
크리올로포사우루스	Cryolophosaurus	1994	Hammer, Hickerson	145
크리토사우루스	Kritosaurus	1910	Brown	86
크립톱스	Kryptops	2008	Sereno, Brusatte	147
키로스테노테스	Chirostenotes	1924	Gilmore	196
키티파티	Citipati	2001	Clark, Norell & Barsbold	194
타르보사우루스	Tarbosaurus	1955	Maleev	168, 177
타르키아	Tarchia	1977	Maryanska	42
타와	Tawa	2009	Nesbitt 외	141
타탄카케팔루스	Tatankacephalus	2009	Parsons & Parsons	48

이름	학명	발표 연도	발표자	페이지
탈라루루스	Talarurus	1952	Maleev	44
탐바티타니스	Tambatitanis	2014	Saegusa, Ikeda	100, 132
테논토사우루스	Tenontosaurus	1970	Ostrom	78
테라토포네우스	Teratophoneus	2011	Carr 외	172
테리지노사우루스	Therizinosaurus	1954	Maleev	190, 191
테리지노사우루스류				189-191
테스켈로사우루스	Thescelosaurus	1913	Gilmore	74
테코돈토사우루스	Thecodontosaurus	1836	Riley, Stutchbury	107
텔마토사우루스	Telmatosaurus	1903	Nopcsa	80
템노돈토사우루스	Temnodontosaurus	1889	Lydekker	14
토로사우루스	Torosaurus	1891	Marsh	69
토르보사우루스	Torvosaurus	1979	Galton, Jensen	156
투리아사우루스	Turiasaurus	2006	Royo-Torres, Cobos & Alcala	115
투오지앙고사우루스	Tuojiangosaurus	1977	Dong, Li 외	38
트로오돈	Troodon	1856	Leidy	199, 201
트로오돈류				199-201
트리니사우라	Trinisaura	2013	Coria 외	74
트리케라톱스	Triceratops	1889	Marsh	23, 45, 64, 67, 71, 73, 81, 177, 201
트리케라톱스류				64-71
츠아간	Tsaagan	2006	Norell, Clark 외	203
티라노사우루스	Tyrannosaurus	1905	Osborn	9, 45, 64, 166, 167, 177, 178, 179, 201
티라노사우루스류				166-179
티라노티탄	Tyrannotitan	2005	Novas 외	160
티안유랍토르	Tianyuraptor	2010	Zheng 외	207
티안유롱	Tianyulong	2009	Zheng 외	33
티타노사우루스	Titanosaurus	1877	Lydekker	133
티타노사우루스류				130-137
파라사우롤로푸스	Parasaurolophus	1922	Parks	93
파랄리티탄	Paralititan	2001	Smith, Lamanna 외	136
파콥스	Phacops	1839	Emmrich	9
파키리노사우루스	Pachyrhinosaurus	1950	Sternberg	62, 72
파키케팔로사우루스	Pachycephalosaurus	1943	Brown, Schlaikjer	50, 51
파키케팔로사우루스류				50-53
파타고사우루스	Patagosaurus	1979	Bonaparte	117
파타곱테릭스	Patagopteryx	1992	Alvarenga, Bonaparte	210
판파기아	Panphagia	2009	Martinez, Alcober	106
팔카리우스	Falcarius	2005	Kirkland, Zanno	189
페테이노사우루스	Peteinosaurus	1978	Wild	10
펜타케라톱스	Pentaceratops	1923	Osborn	69, 73
펠레카니미무스	Pelecanimimus	1994	Perez-Moren, Sanz 외	20, 186
폴라칸투스	Polacanthus	1867	Huxley	48
푸에르타사우루스	Puertasaurus	2005	Novas, Salgado 외	130
푸탈로그코사우루스	Futalognkosaurus	2007	Calvo, Porfiri	136
프레노케팔레	Prenocephale	1974	Marya&ska, Osmolska	52
프렌구엘리사우루스	Frenguellisaurus	1986	Novas	13, 139
프로마스토돈사우루스	Promastodonsaurus	1828	Jaeger	12
프로박트로사우루스	Probactrosaurus	1966	Rozhdestvensky	80
프로사우롤로푸스	Prosaurolophus	1916	Brown	88
프로토케라톱스	Protoceratops	1923	Granger & Gregory	58, 205
프로토케라톱스류				58, 59
프로토하드로스	Protohadros	1998	Head	80
프로트아르케옵테릭스	Protarchaeopteryx	1997	Ji 외	194
프루이타덴스	Fruitadens	2010	Butler	32
프시타코사우루스	Psittacosaurus	1923	Osborn	54, 113
프테라노돈	Pteranodon	1876	Marsh	9, 18, 211, 212
프테로닥틸루스	Pterodactylus	1809	Cuvier (Rafinesque, 1815 수정)	14, 212
플라테오사우루스	Plateosaurus	1837	von Meyer	8, 11, 109, 123, 125
플레시오사우루스	Plesiosaurus	1821	Beche, Conybeare,	213
피나코사우루스	Pinacosaurus	1933	Gilmore	45
피사노사우루스	Pisanosaurus	1967	Casamiquela	13, 29
피아트니츠키사우루스	Piatnitzkysaurus	1979	Bonaparte	157
하늘의 파충류 ~익룡~				212
하드로사우루스	Hadrosaurus	1858	Leidy	84, 89
하르피미무스	Harpymimus	1984	Barsbold, Perle	186
하플로칸토사우루스	Haplocanthosaurus	1903	Hatcher	117
하플로케이루스	Haplocheirus	2010	Choiniere, J. N.& Xu	188
헝가로사우루스	Hungarosaurus	2005	Ősi	46
헤레라사우루스	Herrerasaurus	1963	Reig	10, 12, 138, 139
헤스페로니쿠스	Hesperonychus	2009	Longrich, Currie	206
헤스페로르니스	Hesperornis	1872	Marsh	210
헤스페로사우루스	Hesperosaurus	2001	Carpenter, Miles, Cloward	40
헤테로돈토사우루스	Heterodontosaurus	1962	Crompton, Charig	32, 33
헤테로돈토사우루스류				32, 33
호말로케팔레	Homalocephale	1974	Maryanska, Osmolska	52
홍샤노사우루스	Hongshanosaurus	2003	Yu, Xu, Wang	56
후아양고사우루스	Huayangosaurus	1982	Dong, Tang 외	38
후악시아그나투스	Huaxiagnathus	2004	Hwang 외	164
후쿠이랍토르	Fukuiraptor	2000	Azuma, Currie	102, 176
후쿠이베나토르	Fukuivenator	2016	Azuma 외	100, 102, 164
후쿠이사우루스	Fukuisaurus	2003	Kobayashi, Azuma	83, 100, 103
후쿠이티탄	Fukuititan	2010	Azuma, Shibata	100, 102, 132
후타바사우루스	Futabasaurus	2006	Satoh, Hasegawa 외	213
히파크로사우루스	Hypacrosaurus	1913	Brown	94
힐라에오사우루스	Hylaeosaurus	1833	Mantell	49
힐로노무스	Hylonomus	19세기(발표 연도 불명) Dawson		8, 9
힙실로포돈	Hypsilophodon	1869	Huxley	74
힙실로포돈류				74, 75

[감수]
고바야시 요시쓰구(홋카이도대학 종합박물관 준교수)

[집필 협력]
Kenneth Carpenter, David Evans(토론토대학) Michael J. Ryan(클리블랜드 자연사 박물관)

[협력]
사카다 치사코

[사진, 일러스트]
특별 협력 : AMANA IMAGES
8–11, 15, 19, 24, 29, 32, 38–39, 44–45, 59–60, 66, 69, 71, 74–75, 82–83, 89–91, 93, 95–98, 106, 109, 112, 117–119, 128, 139, 142–144, 146, 150, 152–153, 157–159, 165, 178, 180–182, 186–187, 192, 202, 205, 208, 210–211, 213–215, 뒤 면지

[사진]
아사히신문사 : 150 / Kanna Dinosaur Center : 165, 194, 204–205 / 구마모토 대학 : 100(고시키지마의 이빨, 촬영 : 쓰이히지 다카노부) / 구마모토 현립 자연사 박물관 : 121 국립과학박물관 : 37(스테고사우루스의 판 모양의 뼈, 촬영 : 하야시 쇼지) / 일본 케이자이 신문사 (촬영 : 가자마 히사카즈) 122, 152 / 후쿠이현립 공룡 박물관 : 22(만텔리사우루스의 전신 골격), 44(유오플로케팔로사우루스류의 전신 골격), 51(파키케팔로사우루스류의 머리뼈), 82–83(후쿠이사우루스의 전신 골격), 100–101(후쿠이사우루스, 후쿠이랍토르, 니폰노사우루스의 전신 골격), 176(후쿠이랍토르의 전신 골격), 179(티라노사우루스의 전신 골격) / 미야시타 데쓰토 : 144 / Dalian Natural History Museum : 54 / David Evans : 93 / Denver Museum of Nature and Science : 143 / Institute of Paleontology and Geology, Mongolia : 193 / Kenneth Carpenter : 45 / Mick Ellison : 55 / Royal Saskatchewan Museum : 179 / Royal Tyrrell Museum : 140 / Terra Adentro : 160 / Terry Manning for the amazing preparation and Cindy Howells for the photography : 190 / T. E. Willamson : 178–179 / Utah Museum of Natural History : 169

[일러스트]
표지 : Raul Martin, 류자와 히데키
본문 : 가토 아이치 : 102–103, 112–117, 132–133, 140–141, 184–185, 198
야마자키 사토시 : 앞 견지, 8–11, 15, 19, 23, 33, 36, 45, 63, 71, 81, 100–101, 106–107, 115, 123–126, 129–130, 134–136, 139–141, 145, 149, 158, 177, 186–188, 210–211, 213
고보리 후미히코 : 10, 14, 18, 40
니시무라 모모 : 192, 215
류자와 히데키 : 13, 14, 16–18, 20, 23–25, 27, 29–36, 38–43, 46–49, 51–52, 56–63, 68–70, 74–75, 79–81, 83–84, 87–88, 92, 94, 96, 98–99, 109, 118–123, 143–147, 153–154, 157–165, 169–172, 174–177, 181, 194, 196–197, 200–203, 206–208, 212
A. Atuchins : 164, 188–189, 196, 201
Aflo : 197, 207
AnessPublishing : 10, 24, 25, 40, 42–47, 50, 52–53, 61–62, 92–93, 147, 150–151, 153, 189, 194, 196, 201, 203
D. Bonadonna : 50, 88, 99, 156
Julius T. Csotonyi : 18, 26, 56–57, 72–73, 85, 172–173, 133
ⓒNHK : 9, 39, 47, 113, 178–179, 200
PPS : 10, 94–95, 138–139, 162–163, 190–191, 193
Raul Martin : 1, 6–7, 11–14, 16–17, 19–21, 26–29, 54–55, 64–65, 76–78, 85–87, 104–105, 108–109, 120–121, 126–131, 137, 154–155, 159, 166–168, 170–171, 180–181, 195, 199, 206
Royal Ontario Museum : 15, 110–111, 148–149

[본문 레이아웃]
아마노 히로카즈, 이치가와 노조미, 아다치 가츠토시, 하라구치 마사유키(DAI-ART PLANNING)

[표지, 앞면 디자인]
기도코로 준+세키구치 신페이(JUN KIDOKORO DESIGN)

《주요 참고 문헌》

『The Evolution and Extinction of the Dinosaurs(second edition)』(David E. Fastovsky and David B. Weishampel, Cambridge University Press, 2005, 일본어판: 신도우 마코토 감수 『공룡학』 마르젠, 2006년)

『The World Encyclopedia of Dinosaurs & Prehistoric Creatures』(Dougal Dixon, Lorenz Books, 2007, 2010)

『세계 공룡 발견사』(Darren Naish 저, 이토 요시오 일본어 감수, 네코 퍼블리싱, 2010년)

『Dinosaurs : A Field Guide』(Gregory S. Paul, A&C Black Publishers,Ltd)

『Dinosaurs Eye to Eye』(Dorling & Kindersley Publishing)

『National Geographic Dinosaurs』(Barrett, National Geographic Children's Books)

『홀트 박사의 최신 공룡 사전』(Thomas R. Holtz, Jr 저, 오바타 이쿠오 감수, 아사쿠라 서점, 2010년)

『공룡 시대 I-기원부터 거대화까지』(고바야시 요시쓰구 저, 이와나미 주니어 신서, 2012년)

『공룡은 멸종하지 않았다』(고바야시 요시쓰구 저, 가도카와 신서, 2015년)

KODANSHA no Ugoku Zukan MOVE KYORYU
© KODANSHA, 2011
All Rights Reserved.
Original Japanese edition published by KODANSHA LTD.
Korean translation rights arranged with KODANSHA LTD.
through Shinwon Agency Co.
Korean edition published in 2018 by LUDENS MEDIA Publishing Co., Ltd.

이 책의 한국어판 저작권은 ㈜신원에이전시를 통해 저작권자와 독점 계약한 루덴스미디어㈜에 있습니다.
저작권법에 의하여 한국 내에서 보호를 받는 저작물이므로 무단 전재 및 복제를 금합니다.

루덴스미디어

움직이는 도감
MOVE 공룡

편저 고단샤
감수 고바야시 요시쓰구
역자 최진선
찍은날 2018년 11월 28일 초판 1쇄
펴낸날 2024년 9월 20일 초판 3쇄
펴낸이 홍재철
편집 이혜원
디자인 박성영
마케팅 황기철·안소영
펴낸곳 루덴스미디어(주)
주소 경기도 고양시 일산동구 무궁화로 43-55, 604호(성우사카르타워)
홈페이지 http://www.ludensmedia.co.kr
전화 031)912-4292 | **팩스** 031)912-4294
등록 번호 제 396-3210000251002008000001호
등록 일자 2008년 1월 2일

ISBN 979-11-88406-61-6 74400
ISBN 979-11-88406-60-9(세트)

결함이 있는 책은 구입하신 곳에서 바꾸어 드립니다.
값은 뒤표지에 있습니다.

이 도서의 국립중앙도서관 출판시도서목록(CIP)은 e-CIP홈페이지
(http://www.nl.go.kr/ecip)에서 이용하실 수 있습니다. (CIP제어번호 : CIP2018038281)

서바이벌 만화 생태상식

(전 10권)

돌연변이의 공격은 아직 끝나지 않았다!
목숨을 건 쫓고 쫓기는 추격전이 펼쳐진다!

글 코믹컴 | 그림 네모 | 올컬러

정글에서 살아남기 **전 10권 세트**

레벨 업 시리즈

우리 아이가 달라졌어요!
Level up! 자신감도 up!

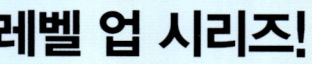

다양하고 획기적인 트레이닝을 통해
아이 스스로 해결할 수 있는 힘을 길러 주는
레벨 업 시리즈!

올컬러

❶ **내 편 만들기**
친구 관계에 자신감을 주는 42가지 소셜스킬

❷ **스트레스 날리기**
스스로 스트레스를 해결하는 45가지 연습

❸ **할 말 다하기**
커뮤니케이션에 자신감이 생기는 44가지 트레이닝

❹ **자존감 높이기**
용기와 자신감을 키우는 45가지 스킬

❺ **마음 다루기**
아이와 함께하는 50가지 감정 컨트롤 트레이닝

❻ **발표력 키우기**
발표력과 표현력을 기르는 52가지 활동

❼ **긍정으로 사고하기**
나다움을 발견하고 의욕을 끌어내는 51가지 활동

❽ **똑바로 표현하기**
자신의 생각을 확실히 말할 수 있는 38가지 화법

❾ **내 맘 살피기**
내일을 바꾸는 55가지 마음챙김 활동

루덴스미디어 전화 | 031)912-4292 팩스 | 031)912-4294 루덴스미디어(주) http://www.ludensmedia.co.kr

파이팅 동물 백과

가상 배틀 만화로 진짜 강자를 가린다!

사진과 만화로 중무장한
신개념 도감
파이팅 동물 백과 시리즈!

올컬러

세밀하게 나눠 관찰하면 우리 아이도 박사님!

초강력 일러스트 백과 시리즈

압도적인 박력의 환상 세계가 펼쳐진다!

세계 각국의 요괴, 무시무시한 공룡,
그리고 미확인 생물까지
끊임없이 동심의 세계를 자극한다!

올컬러

코믹컴 전화 | 031)912-4292 팩스 | 031)912-4294 루덴스미디어(주) http://www.ludensmedia.co.kr